# 大数据时代财务会计的
# 实践发展研究

万　洁◎著

中国原子能出版社

**图书在版编目（CIP）数据**

大数据时代财务会计的实践发展研究 / 万洁著．--
北京 ：中国原子能出版社，2022.11
    ISBN 978-7-5221-2259-5

Ⅰ．①大… Ⅱ．①万… Ⅲ．①企业管理－财务会计－
研究 Ⅳ．① F275.2

中国版本图书馆 CIP 数据核字（2022）第 207766 号

**大数据时代财务会计的实践发展研究**

| | |
|---|---|
| **出版发行** | 中国原子能出版社（北京市海淀区阜成路 43 号　100048） |
| **责任编辑** | 张　磊　杨晓宇 |
| **责任印制** | 赵　明 |
| **印　　刷** | 北京天恒嘉业印刷有限公司 |
| **经　　销** | 全国新华书店 |
| **开　　本** | 787 mm×1092 mm　　1/16 |
| **印　　张** | 12.25 |
| **字　　数** | 213 千字 |
| **版　　次** | 2022 年 11 月第 1 版　　2022 年 11 月第 1 次印刷 |
| **书　　号** | ISBN 978-7-5221-2259-5　　**定　价** 72.00 元 |

# 作者简介

**万洁**　副教授，硕士研究生，从事教学科研工作长达十几年，具有较强的教学科研能力，经过长期的理论与实践教学积累与凝练，已形成了较固定的研究方向：财务会计、经济管理。近年来，共参与完成各项纵向科研项目 13 项，其中主持省级科研项目 2 项，主持完成市级项目 2 项；主持横向课题多项。出版专著 1 部，发表论文 19 篇，其中中文核心期刊论文 7 篇，CSSCI 收录 2 篇。

随着信息技术的发展，互联网技术应用在各行各业中，其中大数据技术的应用给人们的工作和生活带来了极大便利。伴随着我国社会和经济突飞猛进的发展与进步，企业与企业之间的竞争愈演愈烈，社会各界对会计信息化的关注度更是与日俱增，且广泛应用于会计工作中。在大数据时代中，无论是企业会计信息化的工作质量还是工作效率都得到了显著提升，与此同时，还加快推动了信息与资源共享工作的开展，实现了各项成本费用的缩减，推动了企业的飞速进步。同时，大数据时代的来临也对企业财务会计工作有了新的要求，这便意味着财务人员需要不断进行实践创新，以满足大数据时代对企业财务会计工作的要求。

本书一共包括六章内容，通过这六章内容对大数据时代财务会计的实践发展进行了介绍。本书第一章为大数据的基本理论，主要包括三节内容，依次是第一节大数据的探究与分析、第二节大数据的使用、第三节大数据的价值；本书第二章为财务与会计理论概述，一共包括四节内容，依次是第一节财务管理概述、第二节会计概述、第三节会计制度的变迁与发展、第四节会计新制度下财务管理工作的创新；本书第三章为大数据时代的财务管理，主要包括三节内容，依次是第一节大数据与企业财务管理、第二节大数据时代企业财务管理问题及优化路径、第三节大数据时代财务管理智能化转型；本书第四章为大数据时代的企业会计发展，共包括四节内容，分别是第一节大数据与企业会计发展、第二节大数据时代财务会计面临的现状、第三节大数据技术在管理会计中的运用、第四节大数据时代会计人才的培养；本书第五章为大数据时代的会计信息化建设，一共包括四节内容，依次是第一节大数据时代会计信息系统、第二节大数据时代会计信息服务平台的构建、第三节大数据时代会计信息化的运行、第四节大数据时代会计信息化体系的构建；本书第六章主要对大数据时代财务会计的创新实践进行了介绍，主要包括两节内容，分别是第一节会计电算化、第二节财务机器人。

在撰写本书的过程中，作者得到了许多专家学者的帮助和指导，参考了大量的学术文献，在此表示真诚的感谢！

限于作者水平，加之时间仓促，本书难免存在一些疏漏，在此，恳请同行专家和读者朋友批评指正！

作　者

# 目　录

# 第一章　大数据的基本理论

随着互联网技术及自动数据采集技术等的快速发展及广泛应用，人们面临着前所未有的海量数据量，并且数据量呈现爆炸式增长。本章主要介绍大数据的基本理论，主要包括三节内容，分别为第一节大数据的探究与分析、第二节大数据的使用、第三节大数据的价值。

## 第一节　大数据的探究与分析

### 一、探究数据

#### （一）数据的本质

数据指的是能够客观反映事实的数字和资料，也就是用意义的实体表达事物的存在形式，是表达知识的字符集合。从性质角度来分析，数据由定性数据和定量数据两部分构成，定性数据用来表示事物的属性，定量数据用来反映事物的数量特征。从表现形式角度来分析，数据由数字数据和模拟数据两部分构成，其中，模拟数据又可以进行细分，具体分为符号数据、文字数据、图形数据和图像数据等。

在计算机领域，数据又有更为具体的内涵，指的是可以输入电子计算机的一切字母、数字、符号，能够被程序处理，是信息系统的组成要素。数据可以记录或传输，通过外围设备在物理介质上被计算机接收，经过处理而得到结果。计算机系统的每个操作都涉及数据的处理。对数据进行分析，找出包含的主要特征，也就相当于对数据进行分类、采集、录入、储存、统计检验、统计分析等操作，接收并且解读数据，从而获得相应的信息。

关于数据的来源问题，业界有这样的观点，认为互联网及物联网是产生并承载大数据的基地。互联网公司就相当于大数据公司,互联网的核心业务领域不断积累并持续产生海量数据。随着智能手机和平板电脑的普及,移动设备上的 App 能够追踪和沟通无数事件,如 App 内的交易数据、个人信息资料、状态报告事件等。在电子邮件、文档、图片、音频、视频以及通过博客、维基,尤其是社交媒体产生的数据流中存在大量的非结构数据。在进行文本分析时,这些数据就有了用武之地,为分析提供了丰富的数据源泉。此外,还有电子商务购物数据、交易行为数据、Web 服务器记录的网页点击流日志类数据。

物联网是承载大数据的重要基地,物联网设备时刻都在采集数据,包括智能电表、智能温度控制器、工厂机器和连接互联网的家用电器等这类功能设备创建或生成的数据,使得设备的数量和数据量每天都在增加。这些设备可以自动向中央服务器传输数据,便于对数据进行分析。物联网产生数据的典型例子就是机器和传感器数据。

这两类数据资源作为大数据金矿,正在不断产生各类应用。例如,利用物联网的数据可以构建分析模型,实现连续监测和预测。在一些企业中,通过业务往来也积累了大量的数据,如房地产交易、大宗商品价格、特定群体消费信息等。当然,这只是一些数据资源,还称不上大数据,这些数据资源对于商业应用也有着重要的意义,这类数据资源是最易获得和易加工处理的,在国内比较常见。

数据正在金融、广告、零售、物流、影视等行业悄悄地改变我们的生活。随着智能手机更大规模的普及,以及日新月异的可穿戴设备、智能家居,甚至是无人驾驶汽车,都在提醒我们,以互联网、物联网、云计算、大数据为代表的这场技术革命正引领人类社会加速进入农业时代、工业时代之后的一个新的发展阶段——数据时代(DT 时代)。前两个时代分别以土地、资本为生产要素,而正在我们面前开启的数据时代,正如其名,数据将成为最核心的生产要素。

数据对象也称为样品、示例、实例、数据点、对象和元组。数据对象必须由软件理解的复合信息表示,数据对象可能是外部实体、事物、偶发事件或事件、角色、组织单位、地点或结构等。例如,一个人或一部车都可以被认为是数据对象,在某种意义上,它们可以用一组属性来定义。数据对象描述包括数据对象及其所有属性。

数据集由数据对象组成。一个数据对象代表一个实体。数据对象所描述的属性体现在：数据库中的行表示数据对象，列表示数据属性。例如，常见的数据集有：销售数据库——客户、商店物品、销售额；医疗数据库——患者、治疗信息；大学数据库——学生、教授、课程信息。

数据属性是一个数据字段，代表一个数据对象的特征或功能，属性（attribute）、维度（dimension）、特征（feature）、变量（variance）可以互换使用。"维度"（维）一般用在数据仓库中，"特征"一般用在机器学习中，"变量"一般用在统计学中。数据属性定义了数据对象的性质，数据属性值是定义属性的特定的特征或参数。数据属性具有以下作用：第一，为数据对象的实例命名；第二，描述这个实例；第三，建立对另一个表中的另一个实例的引用。另外，必须把一个或多个属性定义为标识符。也就是说，当要找到数据对象的一个实例时，标识符属性称为一个"键"。在某些情况下，标识符的值是唯一的，但不是必需的。

**（二）数据的功能及数据涵盖的范畴**

1. 数据的功能

在生产实践过程中，人们逐渐发明了语言、文字和图形，但是仅利用这些仍无法准确描述世界，由此数字应运而生，成为一项重要的改造世界的工具，数字使得抽象的概念有了具体的表达，如"很多"人、"非常"多人可以理解为不同的程度，但如果说 1000 人、10 000 人就清清楚楚了。数据在人类的生产、交换等活动中发挥着重要的作用，如人们发明了度量衡、货币等，在很大程度上推动了人类文明的进程。数据的测量产生了最早"有根据的数字"，即数据是对客观世界测量结果的记录，不是随意产生的。测量从一开始产生就是为科学服务的。

自古以来，测量都是科学中的重要方法，测量与科学存在密切的关系。测量出来的数据可以由计算再衍生出新数据。这样看来，一切数据都是人为的产物。但这时的数据还只具有传统意义，它和信息、知识是有严格区别的。数据承载着信息，信息是数据的背景，信息经过归纳整理后具备一定的规律性，这时就成为知识。信息的高速发展给社会带来了深刻的变化，20 世纪 60 年代以后，软件科学发展迅速，人们逐渐发明了数据库，计算机的数据库用来存储一切数字、文本、图片。此时，数据的内涵更加丰富，不仅指"有根据的数字"，还包括一切保存在计算机中的信息，包括文本、图片、视频等。数据也成了信息的代名词，因为这些信息只是一种对世界的记录，数据因此多了一个来源：记录。

2. 数据涵盖的范畴

数据在横向范围内囊括的范畴是相当广泛的，在数据经济运行的各个领域都存在数据。厘清数据涵盖的范畴是非常重要的，能够更好地归纳数据。在现阶段的经济环境中，数据涵盖的范围更加广泛，既涉及个人或私人领域的数据，又涵盖企业、公共管理部门等领域的数据，例如，气象数据、交通数据、医疗数据等具备公共属性的数据。公共管理部门可以通过一些公共渠道采集、归纳和应用私人领域的数据，如交通数据、医疗数据等。在这些数据中包含大量的个人交通和医疗信息，同时又具备公共数据的属性特征。概括来说，在横向范围内，数据主要分为商业数据、工业数据、社会数据、自然数据这几类，涉及生产生活的各个领域，这些数据伴随着经济活动不断生成、流转和再生，构建了互联网上的大数据生态。

按照数据的整个生命周期，数据在纵向范围内分为数据的生成、数据的再生、数据的创生、数据的消灭这几个阶段。所谓数据的生成指的是人为创造或自然形成原始数据的过程，例如，个人档案数据、疫情流调数据、环境监测数据等都属于数据生成阶段，这些数据不依赖其他数据的存在而产生，也可以称为原生数据。数据的再生是指清洗和加工原生数据，从而形成具有利用价值的新的数据的过程，例如，人员学历构成、疫情风险区域分布、环境污染度排名等属于数据再生的阶段，也可以将这些数据称为再生数据。数据的创生是指在原生数据或再生数据的基础上，利用一定的数据模型对数据进行二次深度加工，使之成为有创新性的有价值数据的过程，例如人口出生率预测、疫情发展趋势、环境监测预警等属于数据的创生阶段，这些数据也可以称为创生数据。数据的消灭指的是删除或者销毁失去利用价值或已到使用期限的数据的过程。从数据生命周期的整个过程来看，数据是一个动态发展的过程，数据时刻在发生着变化。数据在发展变化过程中会涉及数据权利主体及对应的数据权利内容，深入分析数据的生命周期，有助于确认各个环节数据的客体特征。

**（三）由数据到大数据的转变**

数据库出现以后，信息总量与日俱增，增速也越来越快。20世纪90年代，就有美国人提出了"大数据"概念，虽然还不是真正的大数据时代，但数据的重要性在上升，在价值上的重要性已经被预见。从 21 世纪开始，特别是 2004 年新社交媒体产生以后，数据开始爆炸，大数据的提法又一次出现，这时的大数据既指容量大，又指价值大。

一直以来，人们都困扰于如何处理各种不断增长的数据。在现代发展历史中，美国统计学家赫尔曼·霍尔瑞斯是最早提出大数据的人，他被后世称为"数据自动处理之父"。赫尔曼·霍尔瑞斯发明了电动"打孔卡片制表机"，用这种机器来识别卡片特定位置上的孔洞，自动统计数据。在 1890 年的人口普查数据中使用了这一发明，这个机器用两年半的时间就完成了预计耗时 13 年的人工统计工作量，统计数据达到了惊人的速度，标志着全球进行数据自动处理进入了一个新的阶段。戈登·摩尔（Gordon Moore）是英特尔的创始人，他在 1965 年研究了计算机硬件的发展规律，进一步得出了摩尔定律，这一定律认为同等面积的芯片每过一到两年就可容纳两倍数量的晶体管，使微处理器的性能提高两倍，或使价格下降一半。摩尔定律已经成为描述一切呈指数级增长的事物的代名词，这为大数据时代的到来铺平了硬件道路，打下了物质基础。

除了便宜、功能强大，摩尔定律使计算设备也变得越来越小。1988 年，普适计算被美国科学家马克·韦泽（Mark Weiser）提出，他认为各种各样的微型计算设备有助于随时随地获取并处理数据。普适计算理论指出，计算机发明以后经历三个阶段的发展：一是主机型阶段，一台占据大半个房间的大型机器被很多人共享；二是个人计算机阶段，每个人拥有一台变小了的计算机；三是计算机越来越小，很可能消失在人们的视线中，各种微小计算设备可以广泛地部署在人们的日常生活环境中，在任何时间、任何地点都可以获得并处理数据，进入普适计算阶段。在现代，随处可见小巧的智能手机、传感器 RFID（射频识别）标签、可穿戴设备等，数据自动采集已经融入人们的生活中，人们收集数据的能力越来越强，奠定了大数据时代的物理基础。

21 世纪以来，随着计算机和信息技术的迅猛发展与普及应用，特别是互联网和物联网技术、信息传播技术以及社交网络等技术的突飞猛进，各个领域所产生的数据都呈现出了爆炸式的增长。在过去的 20 年时间里，如交通运输业、制造业、服务业、医疗业等各个领域积累的数据规模已经达到了 PB 级，实现了几何级数的增长。

大数据似乎是在一夜之间悄然而至，并迅速走红。大数据在 2012 年进入主流大众的视野，人们把 2012 年称为"大数据的跨界年度"。经过各方面的分析，大数据之所以进入人们的视野，源于以下三种趋势的合力。

第一，随着互联网的发展，许多高端消费公司为了提供更先进、更完美的服务，加大了对大数据的应用。

第二，人们在无形中纷纷为大数据投资。

第三，商业用户和其他以数据为核心的消费产品也开始期待以一种同样便捷的方式来获得大数据的使用体验。

我们在网上看电影、买产品等已经成为现实。既然互联网零售商可以为用户推荐一些阅读书目、电影和产品，为什么这些产品所在的企业却做不到呢？例如，为什么房屋租赁公司不能明智地决定将哪一栋房屋提供给租房人呢？毕竟该公司拥有客户的租房历史和现有可用租房屋库存记录。随着新技术的出现，公司不仅能够了解到特定市场的公开信息，还能够了解到有关会议、重大事项及其他可能会影响市场需求的信息。通过将内部供应链与外部市场数据相结合，公司可以更加精确地预测出可租的房屋类型和可用的时间。类似地，通过将这些内部数据和外部数据相结合，零售商每天都可以利用这种混合式数据确定产品价格和摆放位置。通过考虑从产品供应到消费者的购物习惯这一系列事件的数据（包括哪种产品卖得比较好），零售商就可以提升消费者的平均购买量，从而获得更高的利润。所以，商业用户也成了推动大数据发展的动力之一。总的来说，大数据的产生既是时代发展的结果，也是利益驱使的结果。当然，那些小公司的发展，乃至个人的服务需求，也在为大数据的产生添砖加瓦，只是单个个体的效果不明显，但反映在整个大数据产业中依然是巨大的，其中的道理就不再多说了。

## 二、分析大数据

### （一）大数据的形成机制

一般来讲，大数据的推动力是一种被动刺激。各个公司和一些专业行政机构，无论它们是否愿意，都不得不储存和检索大量收集到的数据。大数据往往通过以下多种不同的机制出现。

1. 移动互联网

近年来，不断出现各种新兴的应用和业务，如移动支付、移动搜索、移动社交、移动阅读、移动购物等，由此也产生了海量的数据信息，这些数据中蕴涵着难以估量的价值。移动互联网大数据在一定程度上推动了新兴产业和业务模式的发展。

2. 物联网

物联网的目标是把所有的物体都连接到互联网，并把物体虚拟化，大量的数据上传之后自然就是大数据了。物联网与大数据的关系有着密不可分的关联性。

3. 云计算

云计算采用计算机集群构成数据中心，通过服务的形式交付给用户。对于用户来说，可以按需购买云计算资源。可以说，云计算与网格计算具有类似的目标，但是云计算与网格计算等传统的分布式计算也存在明显的不同，表现为：第一，云计算是弹性的，也就是说，云计算可以按照工作负载大小，动态分配资源，部署在云计算平台上的应用根据资源的变化及时做出响应；第二，网格计算注重异构资源共享，而云计算侧重分享大规模资源池，利用分享的方式进一步提升资源复用率，在一定程度上降低运行成本；第三，经济成本是云计算中需要重点考虑的因素，在设计硬件设备、软件平台时，既要考虑高效能，还要兼顾成本、可用性、可靠性等。云计算与大数据的发展是密不可分的，云计算的发展产生了大量的数据，大数据的产生离不开云计算的普及，没有云计算的处理能力，就无法获取大数据蕴含的信息。由于计算能力的不断增强，人们开始关注海量数据中可能隐含的信息及信息价值，没有大数据的发展，云计算的处理能力就无用武之地。

4. 企业

企业在其正常的业务活动过程中，收集了大量数据并试图组织这些数据，以期可以根据需要检索资料。大数据致力于简化这个实体的正常活动。数据等待着被使用，这个组织不是寻求发现什么或开展其他新的业务活动，而是简单地想更好地使这些数据为其现有业务服务。企业在其正常的业务活动过程中已经收集了大量数据，并确信凭借这些数据可以开发新的业务活动。一些现代化企业不会将业务限定在某种制造工艺或仅面向某个客户群体，它们一直在寻找新的机遇，它们收集的数据也许恰好可以帮助企业基于客户的喜好来开发新的产品，从而开辟新的市场或通过网络销售产品。这些企业将成为受益于大数据的制造企业。企业制定一个基于大数据资源的商业模型。和以往的企业不同，这个企业以大数据起步，企业本身是一个拥有大量数据资源的企业集团的一部分，这个集团清楚地知道整合所属企业的数据资源是其优势。

### （二）大数据的概念界定

在当今社会，各个领域都涉及了"大数据"，如生活、学习、社会、商业、教育等各大领域都能找到"大数据"的踪影，不断积累的数据深刻影响着社会的发展。1998 年，《科学》杂志刊登了一篇文章《大数据处理》，在这篇文章中首次提出了"大数据"这一术语。信息的高速发展推动着移动终端、云服务平台、社交软件的更新换代，其中包括微博、微信、QQ 等新媒体的发展，从这一角度看，大数据的积累和使用呈明显的上升趋势。长期以来，针对大数据的概念并没有统一的说法，学者们倾向于从一些集成设备中收录特定研究区域的可感知、可采集、用于加工管理和服务方面的数据，利用一定的技术方法挖掘有价值的数据。

什么是"大数据"（Big Data）？学者和专家给出了不同的答案。

徐宗本院士对大数据的定义为："不能够集中存储，并且难以在可接受时间内分析处理，其中个体或部分数据呈现低价值性，而数据整体呈现高价值的海量复杂数据集。"

麦肯锡全球研究所定义大数据为："一种规模大到在获取、存储、管理、分析方面大大超出了传统数据库软件工具能力范围的数据集合。"

MBA 智库百科则认为："大数据是无法在一定时间内用常规软件工具对其内容进行抓取、管理和处理的数据集合。"

2015 年 9 月，国务院印发了《促进大数据发展行动纲要》，并给大数据以明确定义："大数据是以容量大、类型多、存取速度快、应用价值高为主要特征的数据集合，正快速发展为对数量巨大、来源分散、格式多样的数据进行采集、存储和关联分析，从中发现新知识、创造新价值、提升新能力的新一代信息技术和服务业态。"

一般来讲，大数据指的是利用常用的软件工具捕获、管理和处理数据所耗费的时间超过可容忍时间的数据集。大数据体现了惊人的数据规模和数量，不仅如此，大数据还具有强大的功能，能够将数据收集、数据分类和数据处理融合起来。

大数据是一个不断发展的概念，可以指任何体量或复杂性超出常规数据处理方法的处理能力的数据。通俗来讲，大数据就是大量的数据。从狭义上讲，大数据主要是指处理海量数据的关键技术及在各个领域中的应用，是指从各种组织形式和类型的数据中发掘有价值的信息的能力。一方面，狭义的大数据反映的是数据规模之大，以至于无法在一定时间内用常规数据处理软件和方法对其内容进行有效的抓取、管理和处理；另一方面，狭义的大数据主要是指海量数据的获取、存储、管理、计算分析、挖掘与应用的全新技术体系。从广义上讲，大数据包含的内容是很广泛的，涵盖了大数据技术、大数据工程、大数据科学和大数据应用等与大数据相关的领域。其中，大数据工程主要是指大数据的规划、建设、运营、管理的系统工程；大数据科学侧重发现和验证在网络发展和运营过程中大数据的规律，以及这些规律在自然和社会活动中的表现和应用。

### （三）大数据的主要特征

大数据具有以下五个方面的特征。

1. 体量巨大，种类繁多

随着互联网搜索的不断发展、电子商务交易平台的广泛覆盖以及微博等社交网站的相继涌现，产生的数据内容越来越多。谷歌的前 CEO（首席执行官）施密特指出，从人类文明开始到 2003 年的近万年时间里，人类大约产生了 5 EB 数据，而 2010 年人类每两天就能产生 5 EB 数据。伴随着传感、存储和网络等计算机科学领域的发展，在各个领域，人们采集到的数据达到了一个前所未有的规模。在今天，网络数据已经实现了同步实时收集，电子商务、传感器、智能手机、医疗领域和科学研究等领域的数据可以传输到数据库。而数据总量也在以惊人的速度增长。数据的高速增长对存储和网络企业的投资者来说是十分有利的。数据类型日益繁多，出现了各种各样的信息，包括但不限于视频、文字、图片、符号等，大数据最大的优点就是探索各种形态的数据流之间的相关性。例如，通过比较供水系统数据与交通状况，可以发现清晨洗浴与早高峰的时间存在一定的相关性，电网运行数据与堵车时间地点存在一定的联系，等等。

2. 开放公开，容易获得

对数据进行分析是采集大数据的最终目的。在特定的政府机构和企业组织中存在着大数据，在社会生活生产过程中也存在着大数据。在电信公司中，积累的客户电话沟通记录是数据；在电子商务网站中，整合的消费者的各种信息是数据。对于企业来说，挖掘和分析海量数据具有重要的意义，不仅能够提升自身实力，还能有效改善运营服务，为公司的决策提供数据支持，进一步提升企业的经济效益。同时，通过对数据的深入分析还能发现和归纳企业发展的规律。在一定的规则开放性下，商业组织和政府机构越来越倾向于将自身采集储存的各种海量数据源提供给社会各界和研究机构。大数据时代的基本特征就是开放公开、容易获得的数据源，给社会带来了巨大的影响。

3. 重视社会预测

大数据最本质的特征就是预测。对大数据时代的企业来说，追求的目标是掌握预见行业未来的能力。美国 Netflix 公司推出的《纸牌屋》就是通过采集 3000 万用户打开、暂停、快进、倒退等播放动作，对用户几百万次评级与搜索进行分析，通过评价受众对不同电视、电影节目给予的不同观点，从多个角度理解和分析公众欣赏节目的倾向，利用数据分析获取人们的喜好。该公司细致地采集分析了用户数据，由此改变了视频行业的制作方式，传统的生产方式被计算方法和逻辑分析所取代，利用大数据可以获取人们的需求，使节目受到受众喜爱。

4. 重视发现而非实证

在实证研究中，注重建立理论假设，在一定范围内进行随机抽样，通过定量调查采集数据，利用相关数据证伪或证实理论假设。大数据不同于实证研究，大数据强调数据的重要性，创造知识，对前景做出合理的预测，重视对未知的探索，根据现象发现机遇。例如，沃尔玛超市利用大数据技术分析了大量的交易数据，发现了这样一种奇特的现象：周末如果是男人买婴儿尿布，通常会顺便买啤酒。一般在挖掘数据时不做刻板假设，保留未知性，数据的结果是有效的、实用的。近年来，存储设备的成本越来越低，计算机工具的效能越来越先进，处理海量数据的能力越来越高效，数据挖掘算法不断改进，机器学习的神经网络建模技术丰富了调查的方法，不再局限于抽样调查。从理论上来说，大数据可以把握总体数据，重视整体的全部数据。

5. 非结构化数据的涌现

在挖掘数据时，更加重视未知的有效信息和实用知识。大数据时代的突出特征就是出现了海量的非结构化数据，占到了全部数据的 90%。像微博等社交媒体每天都产生无数的数据文本，使得有价值的数据隐藏在海量的数据中，大数据技术分析大量的信息文本，挖掘探析人们的态度和行为，满足舆情监测的社会需求和企业的重大商机。

**（四）大数据的主要类型**

1. 依据来源不同分类

依据来源不同，大数据一般分为科研数据、互联网数据、感知数据和企业数据四类。

（1）科研数据

科研数据存在的时间比较久，生物工程、天文望远镜或粒子对撞机等领域都会产生科研数据。但这些科研数据的用途较窄，一般都是做高性能计算（HPC）的企业使用这些数据，HPC 也产生了很多的大数据技术。通常情况下，具有极高计算速度且性能优越的机器的研究机构产生科研数据。例如，欧洲的国际核子研究中心配备了大型强子对撞机，在工作状态下每秒就可以产生 PB 级的数据。

（2）互联网数据

互联网数据的产生与发展符合时代发展潮流。近年来，社交媒体已经发展成为大数据的主要来源，并且国际互联网企业的高速发展加快了大数据技术的更新换代。例如，搜索巨头百度和谷歌的数据规模都已经达到了上千 PB 的规模级别，亚马逊、雅虎、阿里巴巴的数据都突破了上百 PB。互联网数据增长受梅特卡夫定律和扎克伯格反复引用的信息分享理论的驱动。扎克伯格反复引用的信息分享理论指出一个人分享的信息，每一到两年翻番。在大型互联网企业中，大数据生态系统具有自身的独特性，在一定程度上能够参与开源，不仅如此，还能够维护自给自足的生态系统。先是谷歌，之后是 Facebook 的 Open Computer Project，在国内，则是由 BAT（百度、阿里巴巴、腾讯）主导的天蝎计划。大型互联网公司在自身产生大体量数据的同时，还具有平台级的带动功能，例如阿里巴巴牵头做的数据交换平台。从总体上来讲，中型互联网公司也能支撑大数据技术团队，但是中型互联网公司在核心开发能力和社区贡献能力方面稍逊于大型互联网公司，因此，中型互联网公司更加侧重外围开发、优化和运维等方面。对于三线互联网公司来说，虽然有数据，但没有大数据能力，给一些大数据技术和服务的发展催生了机会，例如，百分点公司为电子商务网站做个性化推荐和营销分析等。

（3）感知数据

在移动互联网时代，移动平台的感知功能越发强大，基于位置的服务和移动平台的感知功能，使得感知数据逐渐与互联网数据相重合。感知数据也有惊人的数量，不亚于社交媒体。重庆曾计划做一个平安城市项目，规划了 50 万摄像头，数据存储需求要达到百 PB 级别，不亚于世界级的互联网公司。

（4）企业数据

企业可以通过物联网收集大量的感知数据，之所以把它们分为两类，是因为传统上认为企业数据是人产生的，感知数据是物、传感器、标识等机器产生的。企业数据包括企业外部数据和企业内部数据，企业外部数据不断吸纳社交媒体的数据，而企业内部数据既包括结构化数据，还包括非结构化数据。早期的电子邮件与文档文本逐渐发展为各种各样的音频、视频、图片、模拟信号等，形成了社交媒体与感知数据。企业数据与感知数据相类似，二者都涉及传统产业，在经济总量方面要大于互联网产业。我们知道传统产业自身的大数据能力是非常有限的，为大数据技术和服务企业的发展提供了目标市场。但现实情况是，单一企业的大数据需求比较少。目前发展比较有前景的是利用数据采集和分析来提升制造业的效率，但这是工业物联网的范畴，不一定是大数据。

2. 依据使用主体分类

从社会宏观角度，依据使用主体不同，大数据可分为政府的大数据、企业的大数据、个人的大数据三类。

（1）政府的大数据

对于各级政府机构来说，具备海量的原始数据，保障了社会的发展与运行。政府的大数据种类丰富，涵盖了各种各样的生活数据，如环保、气象、电力等；管理数据，如安全、海关、旅游等；公共数据，如道路交通、自来水、住房等；服务数据，如教育、医疗、信用和金融等。在具体的政府单一部门内，海量数据比较固化，利用价值不高，只有将各部门的数据关联起来，进行综合分析和有效管理，才能产生巨大的社会价值和经济效益。

基于网络智能，现代城市逐渐向智慧城市转变。智慧城市中的智能电网、智慧医疗、智能交通、智慧环保等都是建立在大数据的基础之上，智慧城市的核心资本就是大数据。大数据为智慧城市的建设提供了各种决策和智力支持。作为国家管理者的政府应逐步开放数据，使得机构组织和个人能够分析和利用这些数据来为人类服务。

（2）企业的大数据

企业在进行决策时离不开数据的支持。企业只有充分挖掘和利用数据，才能实现企业利润，维护客户利益，传递企业价值，增强企业影响，节约企业成本，增强企业的吸引力和竞争力，进一步开拓市场。随着消费者群体的不断壮大，企业在大数据的帮助下能够为消费者群体提供差异化的产品和服务，做到精准营销。对于网络企业来说，大数据能够帮助网络企业进行服务升级和方向转型。对于传统企业来说，互联网给传统企业带来了一定的压力，传统企业要想实现融合发展，就必须进行变革。信息技术的快速发展使得数据逐渐成为企业发展的核心资产和基本要素，数据发展为产业，进而发展为供应链模式，逐渐变成贯通的数据供应链。互联网时代更加凸显了自由联通的外部数据的重要性，单一的内部数据的价值越来越小。在各类企业中，具有明显竞争力的是能够综合提供数据，推动数据应用、整合数据加工的新型公司。在大数据时代，大型互联网企业应运而生，传统 IT 公司也逐渐加入互联网领域，利用云计算和大数据技术不断改良产品，提升平台的竞争力。互联网企业与传统 IT 公司相互借鉴、相互竞争、相互合作。

（3）个人的大数据

个人可以利用互联网建立属于自己的信息中心，不断积累、记录、采集、储存个人的一切大数据信息。相关法律对此做出了规定，经过本人亲自授权，第三方可以采集和处理个人相关信息转化的数据，从而获得个性化的数据服务。在各类穿戴设备中通常会植入各种芯片，这些芯片利用感知技术可以获取人体的各种身体数据，包括但不限于体温、心率、视力等，除了身体数据，还可以获取社会关系、地理位置、购物活动等各类社会数据。

为了便于监测当前自身的身体状况，从而制定科学有效的私人健康计划，个人可以将身体数据授权提供给医疗服务机构；为了便于制定合理的理财规划并对收益进行预测，个人可以将金融数据授权提供给专业的金融理财机构。国家相关部门还可以在法律允许的范围内，实时监控公共安全，预防犯罪。个人的大数据是受法律严格保护的，在本人亲自授权后，第三方机构必须按照相关的法律规定使用，同时大数据必须接受公开、透明、全面监管；按照国家立法要求来采集个人数据，关于采集的内容与范围，由用户自己决定。

# 第二节　大数据的使用

## 一、数据资源的采集与转化

### （一）数据资源的采集

为了更好地满足企业或组织不同层次的管理与应用的需求，数据采集按照以下三个层次进行。

第一，业务电子化。实现手工单证的电子化存储，并实现流程的电子化，使得业务的过程能够被真实地记录下来。数据的真实性是这一层次数据采集关注的重点，也就是要确保数据质量。

第二，管理数据化。通过业务电子化，企业掌握了利用数据统计分析来管理企业的经营和业务，这就使得企业对数据的需求不满足于记录和流程的电子化，要求对企业内部信息、企业客户信息、企业供应链上下游信息实现全面的采集，建立数据集市、数据仓库等平台来进一步整合数据，并且建立基于数据的企业管理视图。数据的全面性是这一层次数据采集关注的重点。

第三，数据化企业。在大数据时代，数据已经逐步成为企业的生产力。数据化的企业能够从数据中发现和创造价值。企业数据采集的方向分为广度和深度两个方向。从广度上分析，数据采集分为内部数据和外部数据，数据采集范围既包括结构化数据，还包括非结构化数据，如文本、图片、视频、语音、物联网等。从深度上分析，数据采集不仅采集每个流程的执行结果，还采集流程中每个节点执行的过程信息。数据价值是这一层次数据采集的关注重点。

### （二）数据资源的转化

在现阶段，将数据资源转化为解决方案，实现产品化，已经成为研究的重点。

大数据作为一种手段，发挥作用的空间是有限度的。我们关注的重点在于大数据能做什么、不能做什么。目前，大数据主要有以下几种较为常用的功能。

（1）追踪

互联网和物联网时时刻刻在记录，大数据可以追踪、追溯所有的记录，形成真实的历史轨迹，对于一些大数据应用来说，追踪是其起点，主要涉及消费者购买行为、购买偏好、支付手段、搜索和浏览历史、位置信息等。

（2）识别

在对各种因素全面追踪的基础上，通过定位、比对、筛选可以实现精准识别，特别是在语音、图像、视频等方面，识别效果更好，能够进一步丰富可分析的内容，获得精准的识别结果。

（3）画像

在对同一主体不同数据源的追踪、识别、匹配的基础上，形成更立体的刻画和更全面的认识。通过对消费者画像精准地为消费者推送广告和产品；通过对企业画像准确地判断企业信用和面临的风险。

（4）预测

在历史轨迹、识别和画像基础上，预测未来趋势，预测重复出现的可能性。在指标出现预期变化或者超出预期变化时，及时给予提示和预警。大数据在很大程度上丰富了预测的方法，有助于建立风险控制模型。

（5）匹配

在海量信息中精准追踪和识别，根据相关性和接近性，筛选比对信息，进一步提升产品搭售和供需匹配的效率。基于大数据的匹配功能，互联网约车、租房、金融等共享经济新商业模式发展迅速。

（6）优化

按照一定的原则利用各种算法对路径、资源等进行优化配置。优化数据资源有着重要的意义，有利于提高企业的服务水平，有效提升企业内部的效率。不仅如此，还能帮助公共部门节约社会公共资源，进一步提升社会公共服务能力。

上述只是大数据功能的典型概括，大数据还存在着其他的功能。一些看似复杂的应用，大都细分为以上几种类型。例如，大数据精准扶贫项目，利用大数据识别、画像，精准筛选和界定贫困户，定位扶贫对象。监督、评估扶贫资金、扶贫行为和扶贫效果。配对、优化以便更充分地使用扶贫资源。利用大数据技术，将这些工作做得更精准、更快、更好。

## 二、大数据技术应用的领域与大数据应用的发展趋势

### （一）大数据技术应用的领域

在现阶段，大数据技术已经广泛应用在各行各业中，很多国家将大数据和人工智能技术相结合，使得这两项技术的优势充分发挥出来。我国当前的大数据技术发展迅猛，应用广泛，在信息管理、企业管理、电子政务、金融、制造、科研、教育、能源等各个领域中发挥着重要的作用。以下是大数据技术在我国几个典型领域中的应用现状的分析。

1. 在工业物联网领域中的应用

工业物联网指的是在工业生产过程中所涉及的产品、设备等各项数据的采集和管理。一般来说，工业物联网数据管理采用设备的历史数据处理、运行状态监控等远程管理模式。在工业生产设备长期运行监控过程中，获取的大量数据则是对工业生产企业进行产能分析、设备故障发生概率以及产品合格率检测等主要信息来源。我们通常将这些数据称为工业大数据。采集、预处理、挖掘、分析和储存工业大数据需要一定的条件，首先，充分利用大数据技术中的数据驱动技术来检测各种设备故障，进一步优化工业生产设备，使之更加科学合理。例如，在潍柴公司，利用工业大数据技术科学定位和远程监控工业机械，有助于更便捷地计算各工程机械设备的工作时间，以及对各工程故障进行预警。北方重工企业和上海隧道工程企业不仅有效应用了工业大数据技术，还加强与高校之间的合作，对盾构挖掘机实行远程监控与故障预警。此外，在风力发电与钢铁等行业中，工业大数据也发挥着重要的作用，对行业的设备进行能耗分析，监控设备的运行状态。

2. 在用户画像中的应用

在网络信息时代，人们花在手机上的时间越来越多，各种各样的手机客户端纷纷涌现，包括视频平台、音乐平台、咨询平台以及购物平台等。例如，人们在使用手机购物平台时，选择商品就相当于做消费者数据填空题，利用大数据技术

中的数据挖掘技术，购物平台能够分析用户的购物类型，当用户下一次登录该购物平台时，根据用户之前购买的商品，平台终端会推送类似的商品。使用其他平台应用也是如此，利用数据挖掘技术，挖掘并记录用户习惯，进而推送相关信息。据此可知，根据用户对相应平台的应用习惯，大数据技术中的数据挖掘技术可以对用户进行"画像"，以便推断用户年龄、性格、爱好以及消费等级等各项信息。不仅如此，通过数据挖掘技术，还可以科学判断用户的人口属性、兴趣、特征、资产情况、消费特征、常驻城市以及位置特征等信息，使画像更全面。

3. 在医疗领域中的应用

大数据技术在推动医疗事业发展中也发挥着重要作用。充分利用大数据技术中的数据分析技术以及数据挖掘技术，能够有效提升医疗行业的生产力，不断改进医疗行业的护理水平，为医疗事业的发展提供不竭动力。在现阶段，我国医疗领域应用大数据技术的现状概括为以下两点：第一，大数据技术促进各种疾病的科学分类与总结，建立健全相应的专家库系统，有效提升医务人员的工作效率，降低患者就医过程中的成本，减轻患者的身体伤害。第二，医生利用大数据技术远程控制病人的治疗过程，在一定程度上降低了患者住院率，使资源得到最优化的配置。

4. 在教育领域中的应用

随着科学技术的发展和教育改革的不断深化，教育领域的大数据技术应用越来越广泛。在现阶段，我国教育领域中大数据技术的应用主要体现在以下三个方面：首先，在适应性教学中的应用；其次，在教学规律发现中的应用；最后，在校园信息化管理中的应用。例如，Learn Sprout 系统借助大数据技术能够科学评价高考备考，及时发现在学生学习过程中存在的问题，进行早期干预，帮助学生解决相关问题，在一定程度上提升学生的学习效率与质量。

5. 在生态系统中的应用

大数据在生态系统中也发挥着重要的作用，涉及植被、土壤、海洋以及大气等各种生态数据。这些数据包含着大量的信息，并且非常复杂，传统形式的数据分析和处理技术很难进行分析和处理，必须利用大数据技术分析和处理各项生态系统数据信息。例如，在气象观测领域中就可以科学利用大数据技术，分析大气数据，将数据分析系统和数据处理算法结合起来，以便精准分析和处理气象数据。

6. 在农业领域中的应用

大数据在农业上的应用主要是指依据对未来商业需求的预测来进行产品生产。对农民来说，主要收入来自种植和养殖，我们知道农产品保存是很困难的，可以利用大数据技术进行消费能力和趋势报告分析，按照市场需求进行生产，避免产能过剩，导致不必要的资源和社会财富浪费。同时，政府也要积极发挥政府职能，合理引导农业生产。在农业生产过程中存在很多的危险因素，一般可以通过除草剂、杀菌剂、杀虫剂等技术产品消除这些危险因素。影响农业生产的最重要因素是天气。通过大数据的分析将会更精确地预测未来的天气。帮助农民做好自然灾害的预防工作，帮助政府实现农业的精细化管理和科学决策。例如，云创大数据研发了一种土壤探针，目前能够监测土壤的温度、湿度和光照等数据，即将扩展监测氮、磷、钾等功能。该探针成本极低，通过 ZigBee 建立自组织通信网络，每亩地只需插一根针，最后将数据汇聚到一个无线网关，上传到万物云。

7. 在金融行业中的应用

金融行业拥有丰富的数据，并且数据维度和数据质量都很好，因此，应用场景较为广泛。典型的应用场景有银行数据的应用场景、保险数据的应用场景、证券数据的应用场景等。

（1）银行数据的应用场景

银行数据的应用场景比较丰富，基本集中在用户经营、风险控制、产品设计和决策支持等方面。而其数据可以分为交易数据、客户数据、信用数据、资产数据等，大部分数据都集中在数据仓库，属于结构化数据，可以利用数据挖掘来分析出一些交易数据背后的商业价值。例如，"利用数据库营销，挖掘高端财富客户"，银行为物业公司提供物业费代缴服务，其中包含了部分高档楼盘的代扣代缴，银行可以依据物业费的多少来识别出高档住宅的业主，为这些用户提供理财服务和资产管理服务。曾经某家股份制商业银行利用此方法，两个月新增了十多亿元存款。"利用银行卡刷卡记录，寻找财富管理人群"，中国有 120 万人属于高端财富人群，这些人群平均可支配的金融资产在 1000 万元以上，是所有银行财富管理的重点发展人群。这些人群具有典型的高端消费习惯，银行可以参考 POS 机的消费记录定位这些高端财富管理人群，为他们提供定制的财富管理方案，吸收他们成为财富管理客户，增加存款和理财产品销售。

（2）保险数据的应用场景

保险数据的应用场景主要是围绕产品和客户进行的，可以利用用户行为数据来制定车险价格，根据客户外部行为数据来了解客户需求，向客户精准推荐产品。例如，通过分析个人数据和外部养车 App 数据，帮助保险公司准确找到车险客户；通过分析个人数据和移动设备位置数据，帮助保险企业准确定位商旅人群，像这类人群推销意外险和保障险；通过分析家庭数据、个人数据、人生阶段信息，为用户推荐财产险和寿险等，用数据来提升保险产品的精算水平，提高利润水平和投资收益。

（3）证券数据的应用场景

证券行业拥有的数据类型有个人属性数据（含姓名、联系方式、家庭地址等）、资产数据、交易数据、收益数据等，证券公司可以利用这些数据建立业务场景，筛选目标客户，为用户提供适合的产品，提高单个客户收入。例如，借助于数据分析，如果客户平均年收益低于 5%，交易频率很低，可建议购买公司提供的理财产品；如果客户交易频繁，收益又较高，可以主动推送融资服务；如果客户交易不频繁，但是资金量较大，可以为客户提供投资咨询等，对客户的交易习惯和行为进行分析，可以帮助证券公司获得更多的收益。

**（二）大数据应用的发展趋势**

大数据行业应用的发展是沿袭数据分析应用而来的渐变的过程。观察大数据应用的发展演变，可以从技术强度、数据广度和应用深度三个视角切入。在数据方面，逐步从单一内部的小数据向多源内外交融的大数据方向发展，数据多样性、体量逐渐增加。在技术方面，从过去以报表等简单的描述性分析为主，向关联性、预测性分析演进，最终向决策性分析技术阶段发展。在应用方面，传统数据分析以辅助决策为主，在大数据应用中，数据分析已经成为核心业务系统的有机组成部分，最终生产、科研、行政等各类经济社会活动将普遍基于数据的决策，组织转型成为真正的数据驱动型组织。中国信息通信研究院调查显示，目前企业应用大数据所带来的主要效果包括实现智能决策、提升运营效率和改善风险管理。在调查中，企业表示将进一步加大在大数据领域的投入。

1. 大数据安全防护重点将转向综合治理

在大数据时代，数据呈现出新的特征，企业出现了新的模式，这些因素都对数据安全防护提出了更高的要求。传统的数据安全防护技术已经很难满足大数据环境下的现实需求了。目前，大数据安全防护市场规模还有很大的发展空间，数据安全防护投入也比较少，大数据安全问题，尤其是人为因素导致的大数据安全问题比较严重，需要构建大数据安全防护体系。在未来，做好核心数据资产的归集和防护、综合治理体制机制建设，将是大数据安全防护体系的重中之重。

2. 政府大数据将实现精确监管、便捷服务

在国内，大数据从信息化建设逐步转变为数据整合和数据应用。政府部门肩负着保护数据安全和管理数据资产的双重职责，掌握着绝大部分的高价值公共数据。为了进一步提升政府的服务能力和运行效率，政府部门应顺应大数据在数字经济和数字政府建设应用的趋势，充分利用大数据技术，为政府在交通、社会信用、城市大脑、数字政府等方面进行精确监管和服务提供一定的助力。

3. 金融大数据逐步走向安全高效、创新服务

目前，大数据在金融领域的应用非常广泛。金融监管日益完善，使得"强管控"成为金融大数据的主流应用场景。在未来，金融大数据可以汇集多元多维的数据，推出信用评估、出行服务等创新服务。例如，银行业不断升级个性化服务，做到精准高效，深入分析和解读客户需求，有针对性地进行经营和管理。还可以提供金融反欺诈等新型金融服务，为实体经济的资金融通提供助力。

4. 工业大数据将实现工业设备数据化、应用产品化

工业大数据是以电网和离散型制造业为主，设备故障预测、智能排产、库存管理是目前大数据的应用重点。工业大数据受一些因素的影响，如解决方案的成本过高、工业企业的数据意识较弱、工业互联网的盈利模式不明晰等，在很大程度上限制了工业大数据应用的快速发展。在未来，将针对更精确的需求，实现从项目到标准产品的转变。

5. 营销大数据将转向直接沟通、精细运营

营销大数据在应用数字技术的辅助下，能够直接连通商户和目标客户，精准推广产品和服务，进一步推动了大数据商业化应用。营销大数据实现了从"流量营销"向"精细运营"的转变，在触达目标用户时，不仅所用成本更低，而且还更加高效，实现了精细化运营，有助于企业实现可持续的商业化变现。

6. 大数据将实现疫情防控全要素、全过程准确监测

在重大公共事件危机管理中，如埃博拉、登革热、禽流感等，大数据技术起着重要的作用。在新冠病毒疫情防控过程中，大数据在病毒溯源与分析、疫情监测研判、远程医疗诊疗、疫情预警等方面同样发挥了重要作用。在未来疫情防控中，大数据在监测、排查、救治和预测等方面还应进一步提升准确度，建立健全流行病学数据系统，针对疫情进行全要素、全过程的防控。

## 三、大数据使用的主要问题

### （一）庞大的信息数据具有迷惑性

随着计算机的不断普及，人们对大数据的研究越来越深入，各个年龄层的人都对计算机有自己的认识与了解。互联网作为一种媒介手段，使得大量的信息数据被高效地应用在各行各业中。计算机整理、上传与共享信息，通过多种途径能够搜寻到相应的信息，不仅搜寻方式多样，而且更加高效。但是，面对数量庞大的数据，计算机难以明辨真伪，在互联网上传播着各种各样的思想观念与价值观念，不良的思想容易给心智尚未发育完善的儿童带来不利的影响，甚至对已具备辨别是非能力的成人也会产生一些影响。

### （二）复杂的网络容易泄露个人隐私

#### 1. 个人信息被买卖

使用计算机必然会安装各种各样的软件，但是，我们要知道，下载安装陌生软件是存在着一定的风险的，安装软件很可能就会泄露个人的信息。在现阶段，大部分的软件应用都需要提供个人的真实信息，不然就不能使用该软件。对于一些不良商家来说，他们常常利用这一点来赚取非法收益，客户在使用相关软件时会输入个人的信息，不良商家将这些信息转卖给他人。很多网络诈骗正是根源于此，骗子能正确地说出受害者的信息，使得受害者付出了信任，最终导致受害者受骗。然而，受害者不知道的是，他们的信息都是骗子在网络上买来的。

#### 2. 个人信息被无意泄露

网络交往是大数据时代的常态，但"晒"朋友圈也可能泄露自己的个人信息。在朋友圈晒自拍、美食等图片，或与大家分享自己的心情时，个人的住址信息可

能会暴露在有心人的眼里。他人利用计算机科技分析拍摄图片的背景，就能推断出图片的拍摄地和发布人的所住地址等信息。有时，在网络中随意点击一个链接，也有可能泄露个人信息。

### （三）大数据采集导致的数据"孤岛"

数据采集是数据分析、二次开发利用的基础。但是由于大数据的数据来源错综复杂、种类繁多且规模巨大，而这些有别于传统数据的特点使得传统的数据采集技术无法适应大数据的采集工作，所以大数据采集一直是大数据研究发展面临的巨大挑战之一。大数据采集面临的问题主要集中在三个方面：首先，大数据的数据源分布广泛，造成数据来源错综复杂，同时也导致了数据质量的参差不齐。在互联网、物联网以及社交网络技术发达的今天，每时每刻都有海量的数据产生，数据来源由原来比较单一的服务器或个人计算机终端逐渐扩展到包括手机、GPS（全球定位系统）、传感器等各种移动终端。面对错综复杂的数据源，如何准确采集、筛选出需要的数据，是提高数据采集效率以及降低数据采集成本的关键所在。其次，数据异构性也是数据采集面临的主要问题之一。由于大数据的数据源多样，分布广泛，同时存在于各种类型的系统中，导致数据的种类繁多，异构性极高。虽然传统的数据采集也会面临数据异构性的问题，但是大数据时代的数据异构性显然更加复杂，如数据类型从以结构化为主转向结构化、半结构化、非结构化三者的融合。据不完全统计，在目前采集到的数据中，非结构化和半结构化的数据占据85%以上的比例。最后，数据的不完备性主要是指大数据采集时常常无法采集到完整的数据，而导致这个问题的主要原因则在于数据的开放共享程度较低。数据的整合开放一直都是充分挖掘大数据潜在价值的基石，而数据"孤岛"的存在会让大数据的价值大打折扣。数据的不完备性在降低数据价值的同时，也给数据采集带来了很大的困难。

### （四）大数据存储成本与空间的矛盾

数据规模庞大和数据种类多样是大数据的两大基本特征，而这两大特征的存在使大数据对数据存储也有了新的技术要求。如何实现高效率、低成本的数据存储是大数据在存储方面面临的一个难题。大数据的数据规模庞大，需要消耗大量的存储空间资源。虽然存储成本一直在不断下降，从20世纪60年代1万美元

1 MB 下降到现在的 1 美分 1 GB，但是全球的数据规模也出现了爆炸式的增长，所以大数据在数据存储方面面临的挑战依然不小。目前基于磁性介质的磁盘仍然是大数据存储的主流介质，而且磁盘的读写速度在过去几十年中提升不大，未来出现革命性提升的概率也小。而基于闪存的固态硬盘一直被视为未来代替磁盘的主流存储介质，虽然固态硬盘具有高性能、低功耗、体积小的特点，得到越来越广泛的应用，但是其单位容量价格目前仍然要远高于磁盘，暂时还无法代替磁盘成为大数据的主流存储介质。大数据在数据存储方面还面临一个挑战就是存储性能问题。由于大数据的数据种类多样、异构程度高，传统的数据存储无法高效处理和存储这些复杂的数据结构，给数据的集成和整合方面带来了很大的困难，因此需要设计合理、高效的存储系统来对大数据的数据集进行存储。同时，大数据对实时性的要求极高，本身数据集的规模又十分庞大，所以对于存储设备的实时性和吞吐率同样有着较高的要求。

**（五）大数据分析与实时处理不相适应**

数据分析是大数据的核心部分之一。大数据的数据集本身可能不具备明显的意义，只有将各类数据集整合关联后，进一步实施分析，最终才能从这些无用的数据集中获得有价值的数据结论。数据集的规模越大，数据集中包含的有价值数据的可能性就越大，但是数据中的干扰因素也就越多，分析提取有价值数据的难度也就越大，所以，在大数据分析过程中存在着诸多的挑战因素。传统的数据分析模式主要是针对结构化数据展开的，而大数据的异构程度极高，数据集是融合了结构化、半结构化和非结构化三种类型的数据，而且半结构化和非结构化数据在大数据的数据集中占据的比例越来越大，给传统的分析技术带来了巨大的冲击和挑战。目前非关系型数据分析技术能够高效处理非结构化数据，并且简单易用，正逐渐成为大数据分析技术的主流。但是在应用性能等方面仍然存在不少问题，所以大数据分析技术的研究与开发还需要继续进行。在很多应用场景中，数据中蕴含的价值往往会随着时间的流逝而衰减，所以数据处理的实时性也成为大数据分析面临的另一个难题。目前大数据实时处理方面已经有部分相关的研究成果，但是都不具备通用性。在不同的实际应用中往往都需要根据具体的业务需求进行调整和改造，所以目前大数据的实时处理面临着数据实时处理模式的选择和改进的问题。大数据分析技术和传统的数据挖掘技术的最大区别主要体现在对数据的处理速度上，大数据的秒级定律就是最好的体现，但大数据的数据规模往往十分庞大。所以大数据分析在分析处理速度上面临的挑战也不小。

# 第三节　大数据的价值

## 一、大数据的价值研究

大数据的价值体现在筛选海量数据，进行分析和洞察，从而获得知识，然后在发现知识的基础上发现价值，制定有效的管理决策。

### （一）数据间的协同

实现价值的前提和基础就是大数据本身。但现实情况是，数据通常以碎片化的方式散布在不同的数据源中，不同的数据具有不同的角度、不同的侧面、不同的层次，各个数据只能局部反映事物的形态和特征，如果只分析和理解单一数据，很难了解事物的全貌，不利于开展有价值的决策活动。例如，谷歌利用单一搜索数据源预测流感，开始似乎取得了成功，但最后却失败了。由此看来，对这些数据必须进行集成使用，归纳和协同来自不同数据源的数据，把握数据之间的关联性，充分发挥数据间的互补作用，只有这样，在认识事物时才会更全面，才能获得一个整体性的认识。在很多研究领域中也证实了数据间协同的价值，如贫穷预测、消费者偏好预测和产品销售预测等方面。

### （二）计算间的协同

大数据有其自身的特殊性，无法直接读取大数据来发现价值，需要对大数据进行计算分析，只有这样大数据才会产生价值。如果数据条件表现为小规模或中型规模，可以进一步提升计算机硬件的性能，从而改变数据处理的能力。例如，利用密集型的计算单元或高性能计算机提升数据的运算能力。然而在大数据环境下，数据增长的速度是很快的，远超计算机硬件更新的速度，直接计算单一大数据源的成本是非常高的，传统的小规模并行计算就显得失效，采取流水线作业达成时间上的并行和采取多个处理器达成空间上的并行，这两种方式都无法达到大数据处理实时高效的效果，这就要求在处理大数据时，具备更强的计算能力和更多的计算资源，在进行大数据复杂计算任务时，不断优化分解过程和计算工作流设计，有效增强大数据的计算能力，进一步提升大数据的处理水平。

（三）分析间的协同

大数据的管理价值体现在指导管理者制订最优的决策方案方面。一般来说，在管理决策过程中，管理者需要观察、调查和实验管理对象，描述和刻画管理对象的行为特征，揭示行为规律（what），解释行为产生的原因（why），从而预测管理对象的行为变化（when/where），并在此基础上采取适当的行动方案（how），以此来控制管理对象的行为，实现管理目标。

通常情况下，管理决策的过程对应着四类分析，分别是描述分析、因果分析、预测分析和决策分析。其中，决策分析发挥着重要的作用，决策分析所确定的正确的行动方案是大数据转化为价值的具体实现，正确的行动方案是大数据实现价值的重要保证。在传统的管理决策过程中，往往将这四个方面割裂开来独立地进行分析，割裂的分析方法是非常不科学的，会带来一系列不利的影响，一是不能充分利用各种有价值的数据，二是没有重视分析固有的逻辑联系和耦合机制，导致不能制定全局最优的管理决策。在这种背景下，部分学者提出了从预测分析（predictive analysis）到处方分析或规范分析（prescriptive analysis）的论断，并得到了学术界和实业界的广泛认可。相关研究已经表明，相比于传统的先预测需求分布再优化订单量的两阶段模型，大数据驱动的基于处方分析的机器学习模型在节约成本方面有显著的成效，能够节约23%左右的成本。此外，将需求分布预测分析与动态定价决策分析整合在一个模型中，在产品定价方面发挥着积极的影响。

（四）人机间的协同

人的参与在基于大数据的管理分析过程中是非常重要的。人的参与影响决策的每一个环节，从参与选择数据开始，之后参与决策的过程，参与决策质量的控制，参与分析决策是否有效，贯穿管理的全过程。这就要求将人的智能与机器智能进行相互融合，使大数据支持管理决策更容易解释。部分学者指出，依赖于卫星、移动电话等大数据解决世界问题是存在一定的不足的，大数据不是灵丹妙药，不能解决所有的问题，大数据算法也可能出现预想不到的结果、缺乏验证、有偏的算法、缺乏监管等问题，因此，应该更加重视发挥在大数据应用中人的作用。

在大数据分析过程中，现阶段机器智能的能力难以对数据集和挖掘出的模式进行高层次的语义理解。例如，在数据选择阶段，如果你在收集不知道如何解释的数据，那是在搬起石头砸自己的脚。为了增强数据的预测能力，部分研究人员采用众包方式来选择数据；为了提高文本的语义理解质量，有的研究人员使用众包方式来标注数据主题；还有的研究人员验证了众包标注社会媒体传播中的消息质量能够有效抑制假消息的传播。在决策的有效性方面，上文提到的啤酒与尿布的故事是非常典型的案例，充分利用机器智能，在大数据中挖掘出啤酒和尿布高度相关的模式，但是，机器智能也能挖掘出啤酒和教堂具有强相关的模式，仅仅利用机器智能是无法区分两种模式背后的机理的。这时就需要人的智慧参与，人能够准确判断哪个决策是可行的，制定出啤酒与尿布进行关联销售的决策。不仅如此，人在很多方面的能力是机器智能所不具备的，如主观经验、直觉、洞察力等方面，特别是在求解非预见未知条件下的问题时，人的这些特质发挥着重要的作用。由此看来，人机协同能够将机器智能和人的智能的互补性优势充分发挥出来，进一步挖掘出大数据中隐藏着的更大的价值。

## 二、大数据的应用价值

### （一）大数据的时代价值

大数据作为一种数据集合有着典型的特征，表现为容量大、类型多、存取速度快、应用价值高等，大数据的发展速度是非常快速的，对数量巨大、来源分散、格式多样的数据进行采集、存储和关联分析，从中发现新知识、创造新价值、提升新能力等，大数据俨然已经成为新一代信息技术和服务业态。

2012 年 5 月，联合国发布了《大数据促发展：挑战与机遇》白皮书，针对互联网数据推动全球发展这一问题进行了探讨分析。大数据是数字化时代的新型战略资源，其应用对国家治理和经济社会发展的作用巨大。大数据发展战略已成为世界主要国家的新兴战略，各国科技界、产业界和政府部门极为关注，它已经成为全球高科技产业竞争的前沿领域。发达国家更加重视大数据的发展，将开发利用大数据作为夺取新一轮产业竞争制高点的重要抓手，同时将发展大数据提升到国家战略层面，这也就导致大数据思维和理念正在成为全球战略思维的新常态，在新一轮的产业革命中，发达国家纷纷提出大数据战略。

### （二）大数据的社会价值

#### 1. 保证社会的稳定性和健康发展

大数据分析技术发挥着重要的作用，一方面能够有效提升整个数据处理过程的智能化程度；另一方面能够从大量的数据中快速、准确地获得自己所需要的数据信息。大数据技术的应用在一定程度上提高了我国社会对各种信息的包容性，同时还降低了大量失业状况出现的可能性，有利于我国社会的健康发展，是我国社会稳定的重要保障。

#### 2. 促进社会主义的发展

在应用大数据技术的过程中，还要注意确保社会发展的各项成果能够让社会所有的民众共同享受，以此来实现全体民众享受发展成果的目标。在当前大数据时代中，政府、企业以及公众可以借助大数据的电力生物生态链等模式，提升生活贫困群体的生活水平，帮助他们摆脱贫困，促进社会的整体发展，进一步提升人民的生活水平，实现共同富裕的目标，从而推动我国社会主义的发展。

#### 3. 提高政府部门的公信力和自我监督能力

对于政府部门来说，也可以充分利用大数据提高服务的效能，避免出现一些因欺上瞒下而导致普通民众的需求无法得到满足的情况，能够更加科学地分析普通民众的实际生活状况，从而准确地把握普通民众的各种需求，能够为符合民众渴求的合理惠民政策的出台提供真实、准确的现实基础和数据信息，针对普通民众遇到的各项社会问题，及时给予解决，进一步提升政府部门的公信力。

政府部门利用大数据技术能够实时、准确地监督部门内工作人员的行为，对工作人员的失职、渎职等违法乱纪行为进行监督，避免出现损害普通民众利益的情况，在维护政府的执政能力和威信力等方面发挥积极的作用，使政府部门能够进行自我监督，同时进一步完善社会的监督体系与相关制度。

### （三）大数据的产业价值

#### 1. 提高处理信息数据的效率

对于企业以及其他的组织与机构来说，要想从采集的各项信息数据之中获得更多的价值和效益，就必须从已经完成处理流程的大数据分析出发，由此看来，效益也是大数据的核心要素之一。保证大数据拥有比较高的效益性是非常重要的，有助于增强社会各大群体的体验感受，同时协助各种机构与部门健康良好地发展。在当今社会，电子商务的发展速度是非常快的，人们的日常生活已经离不开电子商务，电子商务影响着信息流、物流、资金流的发展。不仅如此，许多新兴行业的兴起和众多行业的发展与电子商务的发展也存在密切的关系，从这一层面来看，企业以及相关的组织与部门所要处理的信息数据的数量是非常庞大的。因此，企业以及相关的组织与部门必须提升处理信息的速度，这就给大数据分析技术的应用创造了广阔的空间。

除此之外，利用大数据技术还可以整理地方的基础设施资源，在一定程度上提升物联网的大数据应用业务的性能。同时，大规模地、高效率地推动信息技术设备以及人工智能技术的发展，进一步提高物流网的运转效率，大大降低物流企业的业务成本。

#### 2. 推动产业转型升级

大数据引起的创新促进知识经济、网络经济的快速发展以及新经济模式的兴起。而新兴经济模式中信息化和智能化的广泛应用有利于推进产业融合。大数据应用有利于推动产业转型升级。尽管近年来我国企业的生产管理水平不断提高，但仍然存在较多的不足，在生产和管理过程中精细化、精准化程度不高，没有深入细化到全行业产业链的各环节提升生产管理水平，不同产业、企业之间，乃至同一产业、企业内部的不同子系统之间的联系不够紧密，造成各种资源浪费，没有实现生产的规模效应，达到产业发展、企业生产的效益最大化。例如，就制造企业来说，企业生产管理销售全流程的数据涉及的内容是很丰富的，既包括经营及运营数据、客户数据、产品相关的设计、研发和生产数据、机器设备数据等内部数据，还包括社交数据、合作伙伴数据、电商数据以及宏观数据等外部数据。当前，围绕业务流程改进和提升，企业对内部信息数据的利用相对较多，开发利用的外部数据相对来说比较少。对大部分企业而言，当前并没有打通内外部数据，也没有整合自己的内部数据，使得内部数据不够标准，仍旧存在信息"孤岛"现象。大数据时代的到来，大数据的推广应用，从产品设计和研发开始，利用大数据能够非常直接地对接消费者，可以赋能企业生产全过程。

数据产业指的是开发利用网络空间数据资源所形成的产业。数据产业链涉及多种业务内容，主要涵盖了从网络空间获取数据并进行整合、加工和生产，数据产品传播、流通和交易，相关的法律和其他咨询服务。随着数据的增长，人类的能力在不断提高。如今，人类可以通过卫星、遥感等手段监控和研究全球气候的变化，提高气象预报的准确性和长期预报的能力；通过对政治经济事件、气象灾害、媒体/论坛评论、金融市场、历史等数据进行整合分析，发现全球市场波动规律，进而捕捉到稍纵即逝的获利机会；在医疗健康领域，汇总就诊记录、住院病案、检验检查报告等，以及医学文献、互联网信息等数据，可以实现疑难疾病的早期诊断、预防和发现有效治疗方案，监测不良药物反应事件，对医学诊断有效性进行评估和度量，防范医疗保险欺诈与滥用监测，为公共卫生决策提供支持，所有这些都是数据资源开放利用的结果。

# 第二章　财务与会计理论概述

本章为财务与会计理论概述，一共包括四节内容，依次是第一节财务管理概述、第二节会计概述、第三节会计制度的变迁与发展、第四节会计新制度下财务管理工作的创新。

## 第一节　财务管理概述

### 一、财务管理的基本知识

#### （一）财务的概念

财务在《韦伯词典》中被定义为"包括货币流通、信贷发放、投资、提供银行业务的系统"。金融有很多方面，这使得我们很难给予它一个准确的定义。这部分的讨论将让你了解财务专业人员是做什么的，以及你在毕业后进入金融领域工作可能做什么。

#### （二）财务管理的内在价值

实际的股票价格很容易确定，可以在网上找到，也可以在报纸上每天发表。但是，内在价值是一种估计。几位分析师有不同的数据，对未来有不同的看法，对股票的内在价值也有不同的估计。内在价值的估计是证券分析的全部内容，是成功投资者和失败投资者的区别。如果我们知道所有股票的内在价值，那么投资就会变得简单、有利可图、无风险，虽然我们可以估计内在价值，但我们不确定自己是否正确。一个公司的经理对公司的未来前景有最好的信息，所以他们对内在价值的估计通常比外部投资者的估计更准确。由于每年公司将获得的留存利润进行再投资，所以公司的利润不断提高，使内在价值增加。由于当时进行了一项研究和开发项目，内在价值大幅增加，所以管理层在投资者得知这一消息之前就提高了对未来利润的预期。

## 二、财务管理的决定因素

管理行为与经济、财政、政治等条件相结合，影响着企业未来现金流的水平和风险，最终决定着企业的股价。

每只股票都有其内在价值，即由有能力的分析师计算并提供最佳可用数据的股票"真实"价值的估计值。每只股票也有一个市场价格，即实际市场价格，多个投资者的预期不同，实际价格最终由"边际"投资者决定，当股票交易所的实际市场价格等于其内在价值时，股票交易所就达到了均衡。当有均衡时，就没有改变股票价格的压力。股票交易所的市场价格可以不同于其内在价值，但事实上，随着时间的推移，这两个值趋于相同。

## 三、财务风险管理

### （一）企业财务风险概述

1. 企业财务风险的含义

企业财务风险一般是指企业在开展各种经营活动时，由于受到各种因素影响而导致经济收益与预期目标出现不一致而产生损失的现象。它主要指企业实际经济收益与企业在开展经营活动之前所预计收益之间存在一定的偏差，这种偏差直接影响企业在经营过程中的效益，可能导致企业承担一定的损失，如果持续性地出现这种问题就会导致企业可能面临破产清算的风险。我们知道财务风险无处不在，它客观存在于企业财务管理中的各个环节，对企业在市场中的持久性发展造成了相对较大的威胁。

2. 企业财务风险管理与控制的重要性

从一定程度上来讲，企业在某一时期内的经营状况可以通过财务风险管理水平指标有效地反映，企业所开展的各项财务风险管理手段能否有效地控制企业在经营过程中的财务风险，就是一种直接的体现。对于企业来说，开展财务风险管理的主要意义就在于，能够有效地提高企业在生产经营活动中的效益，保证企业拥有一个相对安全、稳定、健康的生产经营环境，从而确保企业正常顺利地开展各项经营活动，通过有效的财务风险控制措施，将企业的经济损失降到最低水平，最终实现企业在市场中的持久性发展。目前整个国际环境和国内环境都受到百年未有之大变局和新冠疫情的冲击，企业在市场中的经营稳定性更是受到了动摇，特别是新冠疫情对大部分企业造成的冲击都非常大，这也又一次警醒了企业开展财务风险管理与控制的必要性。

### （二）企业财务风险的主要类型

企业财务风险的主要类型包括融资风险、投资风险、资本运作风险和收入分配风险。

#### 1. 融资风险

所谓融资风险主要表现在企业筹集资金的过程中，企业一般通过两种渠道进行资金的筹集：第一种是股权融资，主要是通过吸取外部的资金或者发行股票来增加投资者的股权，筹集企业的资金；第二种是债务融资，也就是通过对外借款和发行债券来增加债务的融资。这两种融资方式事实上都具有一定的风险性，相对来讲，股权融资比债务融资的风险更低一些。这是由于债务融资会随着企业生产经营条件不断变化，债务的利率很有可能会产生较大的波动，可能会造成大于、小于或者等于资产回报率的情况，这就会导致企业无法及时地偿还本息，会造成债务风险的增加，这也是企业融资风险的一个重要成因。除在融资方式选择方面的风险之外，融资的规模和结构不当、融资成本过高、汇率波动等这些因素也会造成融资风险。融资规模较小的企业可能无法正常经营或者扩大自身的规模；而当融资规模过大时，特别是债务融资的比例较高时，就会导致企业面临偿还本息的压力增加，这很可能会导致企业在经营过程中的破产清算。对于一些跨国企业来讲，意外的汇率变化也会给企业带来一定的经济损失。面对这种融资方面的风险，企业可以通过远期外汇市场和货币市场进行套期保值，在正确预测汇率变化的基础上，通过提前或者延迟付款的方式避免外汇风险。

#### 2. 投资风险

投资风险主要是由于企业所投资的项目未来经营情况的不确定性，导致企业在收入上的波动性，严重时会给企业带来一定的损失。而且如果企业的外部市场变得更加复杂，市场中的不确定性因素增多，这就会导致企业的投资风险增大。企业在投资项目时需要具有敏锐的市场眼光，做好科学经营规划，每次对项目进行充分论证后再做决策，才能在投资市场中占优势，如果缺乏科学合理的内部投资决策，就会造成企业面临更大的投资风险。此外，企业在追求自身投资回报时，必须要注意市场无风险回报率、通货膨胀率、价值风险率等各种因素，综合各种因素才能有效地权衡投资风险，帮助企业在投资项目中做出更加合适的决策。

3. 资本运作风险

所谓的资本运作风险主要是指企业在经营过程中由于资金不足而造成的价值和利润的亏损。企业的资本经营风险一般包括资本占用风险、资本周转风险和经营结果风险。企业的资本运作风险成因主要包括有两个方面：首先，企业在实际的经营过程中，并不会将全部的资金都投入生产经营中，而是通过购买固定资产、无形资产等长期资产，这就会导致企业无法在短时间内获得收入，造成资产积压和损失，流动资金周转存在一定的滞后性和延迟性，导致企业在经营过程中资金的短缺。其次，在物资采购和产品销售过程中，企业需要对整个市场情况进行估计，如果对市场状况估计错误，就会导致供应不足、过度购买或信用销售等，这种情况造成企业坏账损失增加，当企业坏账达到一定数额且没有足够的现金流动时，企业无法按期归还的债务将会面临破产的风险。

4. 收入分配风险

在企业的财务管理中，股息分配环节则可以看作一场新一轮的筹资活动，但是与企业的融资风险相比，企业的收入分配风险主要是来自企业内部的融资，企业收入分配风险的来源是留存收益。当企业发展的规模在持续扩大时，企业所需要的资产数量就会增加，税后利润大部分将会被保留，用来确保企业的正常运作，因此用于分配的利润将会减少。但是每一个企业的发展都需要具有一定的利润值作为保证，如果股息分配低于这个水平，那么将会影响企业的股票价值并造成收入分配风险。

**（三）企业财务风险的成因分析**

针对企业上述财务风险的主要类型，我们可以将财务风险分成两大类：外部风险和内部风险。外部风险主要是指受宏观经济环境、国家政策以及行业背景等影响，一般来说，属于企业的不可控风险，例如，近几年受到新冠疫情冲击，我国的宏观环境都处于波动之中，对大部分企业的经营也产生了很大影响，这个就属于不可控因素。内部风险是指企业经营活动和内部控制环境的不确定性带来的风险，包括投资管理的不科学性、企业内部风险机制的不完善以及企业财务决策机制的不健全，一般来说，它们是企业能够控制的风险，主要包括以下几个方面。

1. 资本结构不合理，盲目投融资

有些企业在财务管理过程中，对外投资存在一定的盲目性，例如，在自有资金不足时举债投资，且对投资项目未进行全面分析和效益评估，缺少可行性分析报告，往往依据以往的工作经验开展，那么一旦出现不稳定因素，很容易导致企业自有资金无法偿还到期融资，产生较大的财务风险；另外，企业资本结构不够合理，债务比例过高导致企业无法按时偿还到期债务，也会使企业陷入财务困境之中。这种过高的负债比率不但使企业有沉重的利息负担，而且还要按期偿还高额债务本金，在企业经营状况差强人意的情况下，可能会导致企业资不抵债，面临破产清算的严峻风险。

2. 管理层及财务人员的风险意识淡薄

企业风险管理控制水平的高低会直接影响企业的财务风险，就目前情况来说，大部分企业在财务风险识别、财务风险管理上都会存在一些问题，某些企业经营者的财务风险管理意识淡薄，对风险认识滞后，只追求短期经营效益，在企业规模扩大和经济业务效益提升等方面投入大量的精力和资金，对财务风险控制管理的必要性抱有侥幸的心理。另外，有些企业财务人员的业务水平不高，专业素养还需要进一步提升，简单地理解为财务风险就是资金风险，只要资金安全就不存在风险，缺乏对财务风险管理全面的、系统的学习和深入的认知；在实际工作中防范风险意识不够，不关注经营过程中有可能产生的问题和漏洞，势必会给企业带来一定的风险和危机。

3. 缺乏健全的风险管控体系

企业管理者的财务风险管理意识不强，会导致企业从上到下缺乏风险意识，不能健全完善财务风险内控机制，由于工作流程制定不合理，存在一定的漏洞，且缺少相应的监督机制以及财务管理制度等，导致企业财务风险管理执行力不够，不能正确引导企业的经营活动，也会给企业带来财务风险。例如，一些企业为抢占市场份额只重销量，但对客户的信用条件及规模实力未做严格把关，内部机构和人员职责划分不明确，未建立有效的往来催收制度等，都会导致应收账款比率过高且可能无法回收造成严重的损失。同样，存货管理不当也存在风险，也会给企业带来财务风险。库存不足会影响生产销售，库存过大又会占用大量资金且增加仓储成本，所以缺乏健全完善的内部控制体系，或者虽然有健全的管理体系，但执行不到位，都会增加企业的财务风险概率。

4. 财务信息化建设水平低

随着信息网络化的到来，企业财务管理也向着"管理一体化、多功能化、标准化"方向发展。但是在实际工作中，由于系统软件开发人员注重系统运行程序，企业使用者注重管理战略目标，因为各自专业领域的不同，理解上的偏差及信息沟通不畅等原因，有可能导致开发的系统和软件不能完全满足企业财务管理的要求，财务软件的强大功能未得到充分的利用；另外，各部门人员的信息化水平接受程度参差不齐，会让企业内部财务数据共享程度不高，也制约了财务管理软件的顺畅使用，直接影响财务风险管理水平。

5. 财务预算体系不完善，监督激励机制不够

在企业财务管理过程中，要建立切实有效的财务预算体系。一套好的财务预算体系可以为企业保驾护航，在一定程度上规避企业某些方面的风险。但在实际操作中，部分企业实施预算管理的效果不是很理想，企业管理层对预算管理重视程度不够，各部门参与积极性不高，普遍认为预算管理是财务部门的事情，对这项工作敷衍应对，使得预算编制的准确性大大降低。另外，预算管理工作是否贯穿事前、事中、事后全过程，是否健全有效的预算控制和激励评价制度，也会极大影响预算管理的执行力。

**（四）企业财务风险管理与控制的原则**

从企业财务经营活动产生风险的主要影响因素和成因来看，对于外部的环境因素影响，企业没有办法通过一些措施进行有效控制，如国家的政策变化、产业环境变化、社会文化环境变化、社会宏观经济环境变化等因素，但是这些因素会直接影响企业的稳定发展，因此企业需要通过一些风险管理控制措施来防范风险。在财务风险管理中，企业应当保持四个原则：一是风险与效益均衡原则；二是风险限度、适度承担原则；三是分级分权管理原则；四是有效规避、超前预警原则。

风险与效益均衡原则是指在企业经营活动过程中不能片面追求经济效益，而是应当与财务风险结合衡量。在进行投资活动前要对项目进行全面的、系统的分析，分析该项目的可行性、项目的收益和风险，两者均衡之后再提出具体的实施方案，从而有效地规避在企业经营活动中存在的财务风险。风险限度、适度承担原则主要指的是企业管理人员需要意识到在企业正常的经营活动中，必然会存在财务风险，而想要完全消除风险显然是不现实的，只能通过合理的风险防范措施，将风险减少或降低，因此企业管理者需要具备辨别风险的能力，并在风险发生时及时做出应对措施，从而确保企业将财务风险所造成的损失降到最低程度。分级分权管理原则是指企业一旦出现财务风险的情况，需要按照企业职责分工，遵循分级分权管理原则，统一指挥，采取相应措施积极应对。有效规避、超前预警原则指的是企业产生财务风险时，前期一般会出现各种形式的预警，因此要求企业管理者在经营活动过程中必须具备一定的灵敏性，建立起完善的风险预测系统、风险识别系统以及风险管理系统，从而减少在企业经营过程中存在的财务风险。

### （五）企业财务风险预警及防范价值

#### 1. 提升财务管理地位

在现代企业的发展中，财务管理是重要的工作内容，与多项管理工作密切关联。通过财务管理工作实践，促进其与多部门工作的融合，获取多部门经济往来信息，以此进行有效的财务管理工作实践。财务管理工作在企业发展中，与多部门工作融合，不仅能获取其他部门工作的财务信息，为财务管理预算、核算提供保障，还能通过这些信息明确企业发展的实际情况，及时发现企业中存在的财务风险值，将财务风险降低。同时，也能促进财务管理工作服务于其他部门工作，为它们系统性的工作实践提供支撑，实现财务信息的共享，加强其他部门工作的经济发展规范，使其工作成本输出值降低，协同促进企业的发展。可以说，在企业财务风险预警与防范实践中，凸显财务管理在企业发展中的作用，提升财务管理在企业发展中的地位，从而提升企业财务管理工作实践的有效性。

#### 2. 预警及防范财务风险

在企业发展进程中，财务风险处处都在，而且渗透到企业发展的多个环节中。在此背景下，企业重视财务管理工作的开展，以财务管理工作为导向，预警与防范财务风险，可增强企业财务管理实践的成果。一方面，企业重视财务管理工作的实践，强化职工的财务风险意识，使他们在工作中处处关注财务风险，做到经济资源、信息核算、计算精准，从而以精准的财务报表更好地反映企业经济数据信息；另一方面，企业财务管理在精细化实践中，以财务管理为基点，与多部门工作融合，可做到企业经济往来数据的层层分析与把关，一旦发现问题，在第一时间进行预警，促进问题的解决，达到财务管理的财务风险预警与防范目的。例如，企业项目、经营管理等工作的实践，财务管理融入其中，具有财务风险意识，对往来数据进行分析与整合，可提升财务风险的预警与防范能力。

3. 促进企业健康发展

在社会经济及信息技术双发展模式下，为企业创新发展带来了机遇。而在此背景下，财务风险是企业发展较为关注的话题。例如，企业在先进技术的支持下，促进企业现代化方向进程，实现生产、经营、管理等信息化，以财务管理的信息化模式为导向，监控、监管企业多项业务，发挥财务管理核算与预算的功效，进一步预警财务风险，达到财务风险防范的有效性，从而使企业规避财务风险的冲击，促进企业在市场中健康、创新地发展。总之，企业财务风险预警与防范实践可为企业健康发展提供保障，增强企业在社会经济发展中的核心竞争力。

### （六）企业财务风险管控领域的问题分析

当前，企业财务风险管控领域存在的问题很多，下面筛选一些比较主要的问题进行论述，通过对以下问题的深入分析，明确未来财务风险管控工作的重点。

1. 风险意识薄弱，风险预警不及时

目前，一些企业的管理者对于财务风险可能带来的严重后果认识不足，心存侥幸，认为财务风险不会发生，在这种理念下，很难做到对财务风险及时进行预警和干预。风险意识薄弱折射出了企业对财务风险管控的重视不足，财务风险管控工作因此难以得到大力支持，很多时候企业总是在财务风险发生之后，才被动地进行风险应对，而这时财务风险已经给企业带来了实质损失。财务风险应对的"上策"是预防，即防患未然，但是当风险预警不够的情况下，企业无法提前采取应对措施将财务风险消除在萌芽状态，无法及时去识别、规避财务风险。

2. 风险管控制度落实不到位

很多企业虽然有财务风险管控制度，但是这些制度的落实往往不到位，这给财务风险管控工作带来了很大的负面影响。有财务风险管控制度但是不落实，给财务风险管控所带来的危害，在很多时候要远远大于没有制度所带来的危害。当财务风险管控制度停留在纸面上，会给员工传递一个错误的信号，即这些制度不重要，财务风险管控不重要，这会让部分企业管理者或者财务人员根本就不按照财务管理制度开展相关工作，制度被置于一边，肯定会让财务风险管控工作效果大打折扣，从而导致财务风险进一步攀升。例如，资金收支方面、投资流程方面、应收账款管理方面的相关制度沦为摆设，导致了资金收支不规范、投资管理混乱、应收账款风险攀升等情况的出现。

3. 内部控制机制不够有力

内部控制在解决财务风险方面非常有效，但是一些企业并没有建立起来符合财务风险管控需要的内部控制机制，由此导致了内部控制在管控财务风险方面的作用大打折扣。在内部控制措施方面，企业并没有能够根据财务风险的特点、成因，制定强有力的内部控制措施，奖惩力度不够，责任追究不到位，内部控制的权威性大打折扣，根本不能有效管控财务风险。在内部控制沟通方面，沟通氛围较差，沟通渠道较少，这导致了财务风险信息不对称的问题十分突出，会损害财务风险管控效果。

4. 信息化建设滞后

财务风险管控效果与信息化建设水平息息相关，信息化建设水平高，并不必然意味着能够做好财务风险管控工作，但是如果信息化建设滞后，肯定会影响企业的财务风险管控水平。财务风险管控决策是系统工程，需要大量翔实的数据作为支撑，信息化建设滞后往往意味着财务风险管控所需要的各类数据信息不够全面、不够真实，由此导致了财务风险管控难以取得理想成绩。目前，很多企业信息化水平偏低，尤其是财务管理信息化建设滞后，根本没有办法能够实现财务数据实时掌握、及时共享，这也就意味着企业财务风险管控决策容易因为没有翔实的数据而失误。例如，在信息化建设滞后的情况下，企业对应收账款、现金流、流动负债等数据掌握得不够及时，从而不能及时进行财务风险的干预。

5. 预算管理水平低

企业预算管理水平低，也会导致财务风险的出现，预算管理是财务风险管控重要的、有效的手段，但是目前很多企业并没有能够用好预算管理这一手段来进行财务风险管控。具体来说，不少企业不重视预算管理，没有精心编制财务预算，财务缺少计划性，年度内的资金平衡比较随意，容易出现"寅吃卯粮"或者个别月份资金紧张等情况，继而导致财务风险的发生。企业预算管理水平不高集中体现在两个方面：其一，预算编制粗制滥造，应付了事，预算内容脱离实际，基本上没有良好的操作性；其二，财务预算执行缺少刚性，编好的预算基本上被束之高阁，没有严格去落实预算，这就导致了预算管理工作效果难以达到预期。

### （七）企业财务风险管理与控制的相关建议

#### 1. 提升企业财务风险认知度

在企业财务风险预警与防范实践中，应提升企业对财务风险的认知度，意识到财务风险对企业发展带来的冲击，以此关注财务风险，不断地提升对财务管理工作的重视程度，进而促进企业的发展。首先，企业应加强自身发展的建设，依据市场发展环境，不断地提升自身发展的综合实力，抵御外界环境对企业带来的冲击与影响。例如，企业树立正确的发展理念，以企业长足发展为基点，加强自身内外部环境的建设，以此增强自身在社会经济发展中的核心竞争力。其次，企业发展树立财务风险意识，加强财务风险宣传力度，使企业所有员工都具有财务风险意识，发挥企业多部门协同工作的力度，促进财务管理工作质量的提升。尤其是财务管理人员，更应具有财务风险意识，通过日常管理工作及核算工作的开展，明确企业经济往来的实际情况，以此鉴别、识别财务风险，采取有效的预警机制，促进财务风险的消除。最后，在企业财务风险预警中，加强财务风险预警指标的设定，以此为基点，可明确企业财务风险值，以此采取相关的财务风险预警措施，促进企业健康发展。

#### 2. 构建财务风险预警系统

在企业财务风险预警与防范工作实践中，构建财务风险预警系统是必要的，以该系统为基点，更好地识别财务风险信息。财务风险预警系统的构建，具有自身独有的财务风险识别能力，依托于互联网平台，以大数据技术为支持，促进企业多部门工作在平台中实施，实现多部门工作的创新，通过多部门在平台中的工作，生成多资源信息，而这些信息都流通到大数据库中，财务管理人员运用大数据库可获取这些信息，对这些信息具有针对性地运用。在大数据库与互联网平台中，构建财务风险识别与预警指标，在人工智能技术的作用下，对企业整体工作进行监管、监控,一旦出现工作问题,在第一时间进行财务风险预警,以便管理人员进行财务风险的及时处理,从而达到企业财务风险预警与防范的双管齐下。具体而言,在构建财务风险预警系统中,一方面,运用大数据、互联网技术构建财务风险平台,分别从财务弹性、经济效率、获利能力等维度设计预警指标,凸显企业财务风险预警系统构建与实施的特色,使预警系统构建满足企业的实际发展需要;另一方面,财务风险预警系统的构建,从财务管理层面出发,依据企业资金与现金流,借助现代化技术,预测财务风险。企业发展应合理地管理及运用资金流,通过财务风险预警系统的构建,清楚地明晰资金运用的具体情况。同时,在财务管理的核算与预算工作支撑下,加强成本核算与预算,可使财务管理上升到企业战略发展层面,为企业战略决策提供财务建议,从而促进企业更好地进行财务风险预警与防范。

3. 实施财务管理信息化

在企业财务风险预警与防范实践中,既提升财务管理工作的重视度,也实施财务管理信息化,运用现代化技术,促进财务管理工作创新的同时,提升财务管理效率,从而使财务管理更好地为企业发展服务。首先,树立财务管理信息化思维,提升财务管理信息化的认知,促进财务管理人员思维的转变,使财务管理工作更好地应用管理信息化模式。其次,企业加强财务管理信息化的资金投入,完善财务管理信息化软硬件设备,为财务管理信息化实践提供支撑。例如,根据财务管理信息化的标准,选取适合规制的计算机设备,促进财务风险预警系统的构建,从而开展有效的财务管理工作。最后,企业财务管理信息化实施,应重视财务管理信息化平台的构建,重视虚拟技术、人工智能技术、物流网技术的运用,构建系统性、规范性的财务管理平台,促进财务管理工作的转型,更好地为企业发展识别与防范财务风险,促进企业全面性发展。

4. 完善企业管理机制

企业财务风险预警与防范工作的实践,应加强企业内部管理,增强内部管理的规范性,以强有力的内部管理增强企业财务风险抵御与防范的能力。所以,构建完善的企业管理机制是必要的,根据企业实践管理工作情况,促进多项管理机制的构建,包括生产、经营、销售、财务等管理机制,促进多管理机制的融合,以管理机制开展协同化的管理工作模式,从而提升企业财务风险预警与防范的成果。同时，根据企业现代化的发展模式，在企业管理机制中融入现代化信息，将财务风险意识融入其中，以管理机制增强企业员工的财务风险认知，从而促进企业多项工作共同开展，一同抵御、预警财务风险信息。最后，在财务风险预警与防范中，重视激励思想融入其中，以激励的模式增强企业所有员工的工作积极性，从而使企业在发展过程中更好地识别、防范财务风险。

5. 培养财务管理人才

在企业财务风险预警与防范工作中，重视财务管理人才的培养，增强财务管理人员核算与预算的能力，使财务管理人员有能力识别财务风险，提升财务管理工作的重要性。例如，企业通过开展培训工作，以财务风险防范与预警为导向，促进管理人员融入其中，使管理人员具有财务风险意识，提升财务管理综合能力，在实践工作中管理人员要端正态度，更好地为企业发展识别、预警、防范财务风险，以增强企业的核心竞争力，助力企业可持续发展。

综上所述，企业财务风险预警与防范实践，依据财务风险为企业发展带来的隐患，明确企业财务风险的来源及形成的诱因，从而促进财务管理工作的创新，提升财务管理的财务风险预警能力与防范能力，凸显财务管理在企业发展中的地位。因此，在企业发展中，应重视财务风险的预警与防范，并从提升企业财务风险认知度、构建财务风险预警系统、加强资金管理、实施财务管理信息化、完善企业管理机制、培养财务管理人才六个维度提升财务管理成果，增强企业自身的财务风险预警与防范能力，从而促进企业健康、创新、持续地发展。

6. 优化企业的资本结构

合理的资本结构是企业长期发展的主要基础，为了有效地减少债务经营的不利影响，企业在发展过程中需要针对自身的资本结构进行优化，适当调整债务的规模，使债务基金和股权基金之间的比例达到一种平衡状态，能够稳定资产和负债之间的动态平衡。企业在投资之前就需要做好全面充分的准备，针对项目数据进行细致的研究和分析，并且企业需要科学地判断自身的债务能力，安排债券融资的期限结构，避免短期债务过度集中的情况。

7. 强化企业财务预算管理

企业管理者要高度重视预算管理工作，进一步提升财务预算管理的核心地位。预算编制要以企业发展战略为导向，紧密围绕企业发展规划，结合工作重点，坚持"全面性、稳健性、效益性、重要性"的预算原则。各部门要紧密联系、加强沟通，做好做细财务预算、业务预算、资金预算及专项预算等，并根据经营环境及企业实际情况，确定合理经营目标并分解落实到各个业务部门，做到各部门参与预算、全员参与预算。要明确各管理目标责任人，制定完善的预算审批机制。在执行过程中，要根据实际情况做预算动态调整，建立具体的考核监督机制，定期对预算执行情况进行分析总结，促进预算管理以及后续决策工作的有效落实。

# 第二节　会计概述

## 一、会计的概念及特征

### （一）会计的概念

会计理论界对会计的定义主要形成了两大观点：一是信息系统论，认为会计是为提高单位的经济效益、加强经营管理而建立的主要对财务信息进行提供的经济信息系统；二是管理系统论，认为从本质上看，会计是一种经济管理活动，是企业管理的重要组成部分。尽管专家对会计的定义描述有所不同，但观点之间并不存在矛盾，只是侧重点有所不同。例如，信息系统论侧重于会计的结果，是一种时点性或者静态表述，说明现代会计就是为信息使用者提供财务信息；而管理系统论侧重于会计的操作过程和内容，是一种时期性或者动态表述，说明在形成会计信息的过程中要采用适当的手段对经济活动进行核算和监督。因此，在理解会计的含义时，应当和当时的会计理论发展形势及提出相关观点的学者的研究角度相联系。

简单来说，会计就是记账、算账、报账。追溯我国历史，早在数千年前的西周时期，就诞生了"会计"一词，当时，会计主要指的是记录、计算、监督、考察收支活动。人们对会计概念的认识不尽相同。会计是在社会实践中产生和发展的。会计是从最初只是人们在生产中同时记数的生产职能的附属物，发展为用货币记录、计算劳动成果的独立管理职能。伴随经济不断发展，在经济管理方面，会计也更多地发挥其作用。会计的记账、算账、报账的会计核算作用，发展为对账务进行审核、检查、预测、决策的会计监督和反馈作用。随着现代科学技术的发展，会计的作用也越来越被凸显出来，不仅局限于监督、核算领域，更涉及分析、控制、决策、预测等经济管理活动。经过长期实践，人们已经深刻认识到，经济越是不断发展，会计所起到的作用也就越关键、越重要。

综上所述，本书总结出如下会计概念：会计是将货币当作主要计量单位，将凭证作为依据，通过专门技术与方法，系统、连续、综合、全面地监督、核算一定单位的资金运动，以实现单位经济效益提升为目的的经济管理活动。即会计是一项管理工作，是一个信息系统，是一项管理过程。

企业通过会计工作，首先，把生产经营过程中的每项经济业务所产生的初始信息（数据）运用原始凭证的方式接收下来；其次，利用填制记账凭证、复式记账和账簿登记等专门方法，对初始数据进行分类、记录（储存）、整理和汇总，使之成为具有初步用途的账簿信息；最后，通过财务报告的编制程序对账簿信息进行进一步的加工，形成会计报表信息，并向有关各方进行报送。

**（二）会计的特征**

从会计的产生和发展过程可以看出，与其他经济管理活动相比，会计具有以下几个特征。

1. 从本质来看，会计属于经济管理活动

当社会生产发展到一定阶段后，会计便应运而生，与生产发展和管理需要相适应。随着社会经济不断发展，会计也不断变化、完善着自身的形式与内容，从单纯的对外报送会计报表、办理账务业务、记账、算账，逐渐发展为对事前经营决策、预测进行参与，对经济活动进行事中监管、控制，事后进行检查、分析。我们都知道，基于商品生产与交换，经济活动中的财产物资都表现为价值形式，而会计则是借助价值形式管理财产物资。

2. 特定单位的经济活动是会计的对象

会计核算、监督的内容是会计对象，即特定单位的以货币表现的经济活动。由于企业、行政事业单位的经营活动内容和方式不同，经济活动各有特点，其会计的具体对象也不同。

3. 会计以货币为主要的计量单位

一个单位的经济活动千差万别，若不采用统一的计量单位，就无法进行综合与比较。要全面、系统、连续地反映一个单位的经济活动情况，客观上需要有一种统一的计量单位。常用的计量单位有劳动量度、实物量度和货币量度三大类。其中，货币是商品的一般等价物，是衡量商品价值的共同尺度。会计采用货币量度，能对一个单位经济活动的各个方面进行综合核算和监督。当然，在将货币作为主要计量单位的同时，会计也需要将劳动与实物量度作为辅助量度，这样才能向会计信息使用者提供所需的信息，以便于他们做出正确的决策。

4. 会计具有专门的程序和方法

为了正确地反映单位的经济活动，会计在长期发展过程中形成了一系列科学的行之有效的会计方法。这些方法相互联系、相互配合，构成一个完整的体系。会计采用这些专门方法，遵循相关程序，对经济活动进行核算与监督，为经济管理提供必要的会计信息。

5. 会计信息具有完整性、连续性、系统性、综合性

完整性是指会计对一切被纳入会计核算的经济活动都必须进行记录，不能遗漏，不能避重就轻或选择性地记录。连续性是指在会计核算中对各种经济活动按发生的先后顺序进行不间断的记录。系统性是指在进行会计核算的过程中，要遵循科学的方法，分类、汇总、加工处理经济活动，以生成经济管理所需的各项信息。综合性是指以货币为统一的计量单位，将大量分散的数据进行集中核算，从而获取反映经济活动的各项总括指标。

## 二、会计的职能

会计职能是指会计在企业经济管理中所具有的功能。通俗地讲，就是人们在经济管理中用会计做什么。会计职能包括业绩考评、规划、决策、预测、监督、核算等。会计的基本职能是会计核算职能和会计监督职能。

### （一）会计核算职能

会计核算职能又称为会计反映职能，指的是会计将货币作为主要计量单位，确认、计量和报告特定主体的经济活动。其中，会计确认对定性问题进行解决，旨在对发生的经济活动进行判断，看它是否应被纳入会计核算之中，是何种性质的业务，应当被归为负债、资产还是其他会计要素，等等；会计计量对定量问题

进行解决，以会计确认为基础，进一步对具体金额进行明确；会计报告属于会计确认与会计计量的结果，也就是归纳、整理会计确认与会计计量的结果，通过财务报告的形式向财务信息使用者进行提供。会计的首要职能就是会计核算职能，它是整个经济管理活动的基础，贯穿单位经济活动全过程。

### （二）会计监督职能

会计监督职能也被称为会计控制职能，即审查特定主体经济活动以及相关会计核算的合理性、合法性与真实性。会计监督包括如下三部分：事前监督、事中监督和事后监督，贯穿经济活动的全过程。会计监督具有以下几个基本特点。

（1）会计监督主要是对各种价值指标进行利用，开展货币监督工作。会计核算利用价值指标对经济活动的过程与结果进行综合反映，而会计监督也需要对价值指标进行利用，有效、及时且全面地对各单位的经济活动进行控制。

（2）会计监督所监督的是单位经济活动的全过程，涉及事前、事中与事后。所谓事前监督，就是对经济活动开始前进行监督，具体来说，指的是对企业未来的经济活动进行审查，看它是否遵循相关政策、规章、法律、法规的规定，是否与市场经济规律要求相符；所谓事中监督，就是审查企业正在进行的经济活动，以及所取得的核算资料，旨在对经济活动中的失误、偏差进行纠正，使有关部门更加合理地对经济活动进行组织；所谓事后监督，就是审查、分析已经发生的经济活动与相关的核算资料。

（3）会计监督的依据是国家现行政策、法律法规，会计监督应遵循合法性和合理性。会计核算职能与会计监督职能是相辅相成的。

唯有正确核算经济业务活动，才能为监督提供可靠的资料依据；唯有落实好会计监督，才能确保经济业务的开展符合规定要求，实现预期目标，将会计核算的作用充分发挥出来。总的来说，会计监督的基础是会计核算，而会计核算的保证是会计监督。

## 三、会计的目标

所谓会计目标，也就是会计工作应当达到的标准以及需要完成的任务，具体来说，就是将与企业现金流量、经营成果、财务状况等相关的会计信息提供给财务报告使用者，对企业管理层受托责任履行情况进行反映，为财务报告的使用者做出经济决策提供帮助。

社会公众、政府及有关部门、债权人、投资者属于财务报告外部使用者。企业在编制企业财务报告时，首要出发点就是对投资者的信息需要予以满足。财务报告中所提供的信息应当对以下信息如实反映：企业对经济资源的要求权，企业所控制、拥有的经济资源，企业经济资源及其要求权的变化情况，企业各项筹资活动、投资活动、经营活动等形成的现金流入与流出情况，企业的各项利润、费用、收入的金额及其变动情况，等等。企业财务报告能够帮助现在的或者潜在的投资者合理地、正确地对企业的营运效率、盈利能力、偿债能力、资产质量等进行评价。投资者以相关会计信息为依据，能够更为理性地做出投资决策，对与投资有关的未来现金流量的风险、时间、金额等进行评估。

尽管企业财务报告的外部使用者不只有投资者，但是，由于企业资本的主要提供者为投资者，所以假如财务报告能对投资者的会计信息需求予以满足，一般来说，也能对除投资者之外的其他财务报告使用者的大部分信息需求予以满足。

## 第三节　会计制度的变迁与发展

中国会计有着悠久历史。会计史学家郭道扬先生曾明确指出："自有天下之经济，便必有天下之会计，经济世界有多大，会计世界也便有多大"。中国拥有完整而系统的会计历史演变轨迹，先后经历了古代会计、近代会计和现代会计等三个阶段，现代会计的时间跨度自 20 世纪 50 年代开始，即新中国成立以来的会计发展历史。现结合新中国成立后各时期代表性会计制度的演变，做简单回顾。

### 一、国民经济恢复时期（1949—1953 年）

解放初期，落后的经济和教育水平从根本上制约着会计的发展。据统计，1949 年的中国拥有普通高等学校 205 所，在校学生 11.65 万人。当时全国大专院校中设有财会专业的院校 53 所，在校学生 5000 余人，培养的熟悉现代会计的专科以上学生非常有限；大多数行业还在使用传统的记账方法，大上海的中药材批发企业全使用中式簿记，极少数应用现代会计方法的单位也没有统一的会计原则；记账还是使用毛笔和大写中文数字。新中国会计基础的薄弱程度令人难以想象。

为了快速稳定经济形势，1950年4月25日，中央人民政府政务院成立了由有关会计专家和部分高校教授组成的"会计制度审议委员会"，负责对重工业部、邮电部、贸易部、中央合作事业管理局、国家出版总署等十三个部门上报的会计制度进行审查，并于1951年上半年完成审查并报财政部核准。这些会计制度根据财政部统一要求拟定，在结构上统一设为总则、会计报表、会计科目、会计格式组织系统图、附则等八个部分。内容上包括会计账簿、会计凭证、记账的基本要求和对主要资产的计价要求等。统一的结构和详尽的内容反映出当时的会计工作基础薄弱，不够正规，需要从各个方面做出详细规定。这些会计制度初步形成了新中国的国有企业会计制度体系，是新中国最早的一批分行业企业统一会计制度。

为适应国民经济逐步实行计划管理、推行规范经济核算，1951年9月和1952年10月，财政部两次召开全国企业财务管理会议，修订了新中国统一的会计制度，陆续颁布了新一轮的统一会计制度，包括工业企业、商业贸易、农业林业等六个行业统一的会计科目和统一会计报表，以及国有企业财务报告编制办法等，集中形成了新的一批企业会计制度。

## 二、计划经济体制形成时期（1954—1957年）

为了更好地适应计划经济的需要，中国在1954年之后加大了学习苏联的力度，最具代表性的是1956年前后颁布的《国营工业企业基本业务标准账户计划》《国营工业企业基本业务统一会计报表格式和说明》《国营工业企业日记账核算和使用说明》。这三个制度基本上是苏联会计的复制品。由于这些会计制度核算手续烦琐、不及时，材料收发业务监督局部、不经常等缺点，此后出台了《国营工业企业基本业务简单会计制度》等简化版制度，规定会计凭证只有2种，账户减少了38个，月报、季报、年报只有7种，账簿只有4种。这些制度简单、易操作，深受企业欢迎。

## 三、经济冒进时期（1958—1960 年）

1958 年 5 月以后的"反右"和"大跃进"运动给经济运行造成了混乱。在当时的政治运动和经济建设背景下，企业会计制度发生了一次以"简化、放权"为目的的短期变化。

会计制度过度的简化放权使新中国初步建立起来的会计工作陷入混乱。首先，破坏了会计工作的正常秩序，造成了账目混乱、收支不实、财产不实、资金不实、盈亏不实、债权债务不清等，有的甚至连本单位的银行存款都心中无数。其次，大大削弱了会计监督，损失浪费严重，有的单位甚至无人记账、无人编报表。许多单位的会计监督名存实亡，浪费损失无人顾问。

会计工作的混乱状况在较短的时间内即被察觉，财政部于 1959 年 8 月发布的《关于国营企业会计核算工作的若干规定》，以纠正当时国有企业核算会计工作中固定资产、财产清查、会计报表等方面的错误做法。1959 年颁布的《国营工业、供销、建筑安装等企业示范会计报表和会计科目》这一示范性制度，规范了会计核算，制止了当时企业会计的混乱局面。

## 四、国民经济调整与发展时期（1961—1965 年）

1961—1965 年是国民经济的调整发展时期，对前段时期被破坏的经济体制进行调整。

1961 年 9 月，中共中央庐山工作会议通过了《国营工业企业工作条例（草案）》（简称"工业 70 条"）。"工业 70 条"吸取了新中国成立以来企业管理工作中的教训，并实事求是地提出了一些工业企业管理工作的指导原则。它是我国第一部工业企业管理试行条例，对调整、巩固、充实、提高国民经济发挥了重要作用。

为了健全企业成本管理制度，加强经济核算，1961 年 11 月，国务院财贸办公室转发财政部拟定的《国营企业会计核算工作规程（草案）》。该草案是一项涉及企业会计多项工作的综合性制度，包括对企业会计的总要求，以及对资金、成本、利润核算和会计人员的具体要求等。其目的在于纠正当时会计工作中仍然存在的各种各样混乱状况。

1961 年 12 月和 1962 年 1 月，财政部先后颁布了《国营工业企业会计科目和使用说明》《国营工业企业会计报表格式和编制说明》等，这些会计制度均体现了国家对国有企业经济活动的统一管理和企业对国家计划的执行。

为整顿会计秩序，简化会计核算，财政部于 1965 年 8 月印发了《工业企业会计科目和会计报表格式（草案）》《工业企业简易会计制度（草案）》。本次颁发的会计制度突出特点是简化。一方面，《工业企业会计科目和会计报表格式（草案）》规定的会计科目仅为固定资产、折旧、利润分配等 26 个，比 1961 年颁布的《国营工业企业会计科目和使用说明》所规定的 58 个会计科目大幅度减少；会计报表仅为固定资产表、销售商品成本表等 6 种，大大少于 1962 年颁布的《国营工业企业会计报表格式和编制说明》所规定的 15 种报表。另一方面，会计报表的内容也尽量简化。财务成本主要指标表实际上是一种指标数据汇编，而并非一般意义上的会计报表，至于其他各种报表，也简化地与一般财务报表大不相同，利润表按照中国的"四柱式"反映本期利润的期初数、增加数、减少数、结余数，简单易懂。

另外，新的会计制度尽量使会计的名词术语、科目名称通俗化；分别用通俗的文字来代替"借方""贷方"等记账符号；试用了"增减记账法"；取消了难学难懂的"凭单日记账"等。

## 五、国民经济发展缓慢时期（1966—1976 年）

这个时期会计机构失去作用，会计管理机构被撤并；在这期间，财政部等有关部门曾出台规范企业会计行为的制度或规定，尽力维护原有的会计秩序，减轻社会动荡对会计工作的冲击。这期间颁布的会计制度和相关规定大体分为两类：一是要求企业加强管理和经济核算的各种规定；二是新颁布的简化的会计核算制度。但这些管理规定和会计简化制度缺乏对企业会计的科学思考和理性判断，使经济和管理状况进一步恶化。

## 六、向市场经济转轨时期（1977—1991 年）

1977—1991 年是我国经济向市场经济转轨时期，这时期的特点是结束了"文化大革命"，停止了持续多年的政治动荡，重新发展国民经济并逐步结束计划经济体制，开始向市场经济体制转变。农村的经济体制改革创造了包产到组、包产到户等多种形式的生产责任制，城市经济体制改革的重点是扩大企业自主权，实行利改税、租赁经营责任制等。会计方面的发展主要是制定及修订了《国营工业企业会计制度》《中华人民共和国会计法》等一系列与之适应的会计制度。

**（一）1980 年的《国营工业企业会计制度：会计科目与会计报表》**

1980 年 9 月，财政部公布了《国营工业企业会计制度：会计科目与会计报表》，这是"文化大革命"后第一次修改的企业会计制度。新会计制度改变了片面强调简化、不讲科学体系的偏向，既保持了制度的统一性和灵活性、连续性和稳定性，又增强了内在的逻辑性和科学性，内容详细，便于理解。在会计科目方面，新制度把过去的 28 个会计科目增加到 50 个，细化了原来的科目。如将"材料"科目细分为 4 个子科目等。在会计报表方面，原来的会计月份报表为 2 种，季度报表为 4 种，年度报表为 8 种。新会计制度的月报为"资金平衡表"等 3 种，季报为 6 种，年报增设了"产品销售利润明细表"等，共 12 种。在科学性方面，新制度将企业资产分为固定资产等三类，分别对应固定资金等 3 类资金来源，反映了当时企业资金专款专用的原则。

**（二）《国营工业企业会计制度：会计科目与会计报表》于 1985 年、1989 年的修订**

随着经济形势的发展，企业需要处理一些以前不曾遇到的新问题，如新增税种、各种承包费、实行包干企业的上缴利润或应上缴利润的弥补等，为适应改革带来的变化，规范企业处理改革带来的会计问题，财政部分别在 1985 年、1989 年对 1980 年的《国营工业企业会计制度：会计科目与会计报表》进行过两次修订。1985 年主要调整了会计报表和会计科目，会计科目增加了"应收票据""应付票据"等，主要是为了适应银行汇票、银行本票业务。1989 年的会计报表增设了《固定资产和流动资金增减表》，取消了《应交调节费及企业留利计算表》；另外，会计报表改变了以往资金平衡表各项目的排列顺序，放弃了报表项目"三段式"的做法。

### （三）1985 年的《中华人民共和国会计法》

为治理当时会计秩序混乱的状况和遏制愈演愈烈的会计舞弊，1985 年 1 月，第六届全国人大常委会通过了《中华人民共和国会计法》（以下简称《会计法》）。《会计法》包括会计核算、会计监督、会计机构、会计人员法律责任等内容。

1985 年的《会计法》是新中国会计立法的首次尝试，参考了以往的做法和其他国家的经验，更结合了新中国成立以来会计工作的经历，着眼于解决当时会计工作突出的问题，以期通过立法保证会计工作质量、加强会计监督、明确相关人员责任。由于《会计法》制定于刚刚向市场经济转轨的时期，受到当时环境和思想认识的限制，内容和深度方面难免存在一些不足之处，但它在新中国历史上开创性地以法律形式树立了会计工作的权威和规范，具有空前的意义。

## 七、市场经济建立时期（1992—2001 年）

1992—2001 年，围绕着服务建立市场经济和现代企业制度的改革主线，企业会计发生了有史以来最深刻的改革。重大制度主要有：1992 年 5 月颁布的《股份制试点企业会计制度》、6 月颁布的《外商投资企业会计制度》、11 月颁布的《企业会计准则》和行业会计制度，1993 年第一次修订的《会计法》，1997 年 5 月开始至 2005 年陆续颁布的"16 项具体会计准则"，1998 年颁布的《股份有限公司会计制度》，1999 年第二次修订的《会计法》，2000 年 5 月颁布的《企业财务报告条例》、12 月颁布的《企业会计制度》，等等。

### （一）1992 年的《企业会计准则》

1992 年 11 月，财政部颁布的《企业会计准则》（以下简称"92 年会计准则"）是新中国发布的第一个企业会计准则，是市场经济建立期内最具有历史意义的企业会计改革，它将全国不同行业、不同所有制、不同经营模式企业的会计制度统一起来，共同遵循一个会计准则，是中国会计改革历史上的一次大统一。制度内容：第一章"总则"提出了会计主体、持续经营、会计分期、货币计量四项会计核算的基本前提。第二章"一般原则"提出了客观性、可比性、权责发生制、谨慎性等十二条核算原则。第三章至第八章为"要素准则"，规定了资产、负债等六项会计要素的定义、内容、确认、计量及报告。第九章"财务报告"规定了企业财务报告的类别、定义、内容及编制要求等。《企业会计准则》的颁布，是新中国成立以来我国会计制度的一次根本性改革，结束了中国没有会计准则的历史，迈出了会计改革最关键的一步，成为中国会计发展史上一个新的里程碑，并为今后推动市场经济的发展而制定一系列应用准则和会计制度开辟了道路。

### （二）1992—1993 年的行业会计制度

"92 年会计准则"是一项基本准则，仅对会计核算的一般要求和会计核算做出了原则性规定。1992 年 12 月至 1993 年 3 月，财政部先后公布了农业企业，旅游、饮食服务企业等 13 个行业会计制度，为会计准则在各个行业的落实提供了细致的规定。其中《工业企业会计制度》在各行业的会计制度中最具代表性。

### （三）1992 年第一次修正的《会计法》

1992 年第一次修正《会计法》，主要有十六处修改。主要变化：一是提出会计的作用在于"维护社会主义市场经济秩序"，从法律上赋予了会计在市场经济中的作用。二是将个体工商户和其他组织列入实施范围。三是增加了单位领导人对会计资料负有的责任。四是规定了会计人员有权拒绝办理不合规的事项。五是提出了企业可以委托会计服务机关代理记账。六是对相关人员违反《会计法》应承担法律责任，比以前更为明晰明确。修正的《会计法》第一次将会计造假、损害社会公共利益列入违法行为，发生这些情况将承担相应的法律行政法规责任。

### （四）1999 年第一次修订的《会计法》

现代企业的运行愈发倚重真实、及时的会计信息，但是，一些干扰社会主义市场经济建设的不良倾向持续蔓延，特别是会计造假行为泛滥，利用虚假会计资料行骗、偷漏税、侵害投资人利益、损害社会公共利益的事件层出不穷，到了必须严厉整治的地步，于是在 1999 年第一次修订了《会计法》。

修订后的《会计法》分七章，由原来的三十条增至五十二条。主要变化：一是强调企业责任人是本单位会计行为的责任主体，改变了原来的单位负责人、会计人员和其他人员都负责而往往无人负责的局面。二是明确了法律责任，加大了惩治力度，严厉治理会计造假。三是规范了会计监督制度。四是明确了财政部门的监督职权与内容，强化了国家监督的力度。

### （五）1993 年的《中华人民共和国注册会计师法》

1993 年 10 月,《中华人民共和国注册会计师法》(以下简称《注册会计师法》)经第八届全国人大常委会审议通过并以国家主席的名义予以颁布。至此,新中国成立后有关注册会计师的第一部法律正式诞生。《注册会计师法》共分为七章四十六条。主要内容包括:注册会计师、会计师事务所和注册会计师协会的基本性质;注册会计师考试和注册、业务范围和规则;会计师事务所的组织形式;注册会计师协会和法律责任;对外国人申请参加注册会计师考试和注册的管理;等等。尽管还遗留计划经济的诸多问题,人们的思想认识与市场经济还存在差距,但《注册会计师法》的颁布对我国注册会计师事业的发展还是起到了重要的作用。

## 八、转变经济增长方式时期（2002—2012 年）

2001 年,中国加入世界贸易组织后,中国经济开始全面融入经济全球化,与其他国家的经济贸易摩擦增多;同时,国内经济也出现了新金融工具、企业年金制等诸多新问题。为优化国际经贸合作环境,我国采用了国际通行的会计规则,提高了会计信息的透明度和可理解性。因此,这个时期颁布了《内部会计控制规范》《商业银行内部控制指引》《证券公司内部控制指引》《保险中介机构内部控制指引》《上海 / 深圳证券交易所上市公司内部控制指引》等诸多制度,旨在与国际规则接轨。

## 九、新时代的会计工作发展（2012 年至今）

党的十八大以来,在习近平新时代中国特色社会主义思想指导下,我国会计工作积极贯彻新发展理念,助力经济高质量发展。主要成就是完成《注册会计师法》《会计法》《会计基础工作规范》的修订,调整、修改《企业会计准则》,深化与国际准则接轨程度,等等。

### （一）2014 年修订的《注册会计师法》

为贯彻党中央、国务院关于"简政放权、深化行政审批制度改革"的决策部署,取消不必要或不再适用的行政审批事项,2014 年 8 月,十二届全国人大常委会第十次会议通过决议,修订了 1993 年 10 月的《注册会计师法》。修改内容包括:

会计师事务所的设立审批权限下放到省级财政部门；外国会计师事务所在中国内地设立常驻代表机构，只需到工商登记机关办理相关手续；删除不再适用的中外合作会计师事务所的相关规定。

### （二）2017 年第二次修正《会计法》

2017 年 11 月，全国人大常委会通过决议，第二次修正《会计法》。修正之处主要有：一是取消了会计从业资格考试，把会计人员具备从业资格变为具备专业能力和能不能遵守职业道德。二是要求会计机构负责人、会计主管必须具有会计师以上专业技术职务资格，或从事会计工作三年以上经历。三是会计人员涉及做假账等违法行为，而且被追究刑事责任的，会被永久地禁入会计工作，以前规定是不能取得从业资格证书。四是会计人员有私设会计账簿等行为，且情节严重的，五年内不得从事会计工作。本次修正的《会计法》优化了会计人员的任职资格，加大了对违规违法行为的处罚力度，更加适应经济发展。

以上新中国主要会计制度的制定、修改过程简要反映了我国经济的发展历程，从一个侧面展现了中国共产党领导下的新中国波澜壮阔的奋斗史和改革开放史。

## 十、新时代中国农业发展银行会计制度的建设

作为服务"三农"的唯一农业政策性银行，中国农业发展银行伴随着我国深化市场经济的步伐成立，走过了近三十年春秋。在新的历史时期，在党中央、国务院领导和关怀下，中国农业发展银行先后建立了董事会、董事会办公室、股权董事，逐步完善了公司治理结构，迎来了历史上的高速发展期。总行党委先后部署了"八项体制改革""两弹一星工程"等重大改革措施，并出台了一系列配套制度。就财会、运营条线而言，随着财务管理体制改革、核心业务系统上线、运营全国大集中等改革成果的落地，在制度方面也发生了翻天覆地的变化：一是废止了一大批不适应新业务发展的制度。据统计，2020 年，总行一次性废止了 179 项 2019 年以前的规章制度和临时性文件，包括财务管理制度、会计制度、财会报表管理系统、应用操作规程等。二是规定总行临时、暂行的规章制度，两年后需重新修订。一大批制度按要求进行了重新修订，如会计基本制度、财务会计审计管理办法、会计核算办法、会计重要凭证管理办法、会计核算办法等。三是制

定了一大批新的制度，如基本管理制度、会计人员管理办法等。规章制度大规模的"废改立"不仅反映了中国农业发展银行高质量发展的速度，更展示了中国农业发展银行在服务"三农"发展、执行国家意志方面的辉煌成就。

## 第四节　会计新制度下财务管理工作的创新

随着我国经济水平的不断发展，市场竞争性被充分地激发出来，不仅加剧了同行业的竞争风险，对企业内部的财务管理工作也提出了新的要求。所以，为了保证企业财务管理工作能够适应不断变化的市场条件，我国推出了会计新制度。因此，本节主要研究会计新制度对企业财务管理工作造成的影响，进而提出针对会计新制度，企业财务管理工作的创新措施和实践方法。

### 一、会计新制度对企业财务管理造成的影响

#### （一）强化了财务管理对企业财务风险管理的作用

会计新制度的落实对企业的财务管理工作最直接的影响是强化了财务管理部门对企业财务风险管理的预测以及控制。在传统会计制度背景下，财务管理部门虽然具备着风险控制管理的职能，但是，由于内部工作机制等问题，无法充分地发挥出风险控制管理的作用。通常情况下，财务管理部门主要针对企业内部的资金、资产、财务票据往来等方面开展基础管理工作。若想充分地发挥出风险管理的功能，企业一般会选择第三方风险评估公司强化企业风险管理和控制，并以此作为企业决策的重要依据。但上述做法有两点风险因素：第一，第三方风险控制公司在开展工作的过程中，需要对企业内外部所有信息进行充分的收集，如此一来，可能会出现机密资料丢失的现象，导致企业受到损失。虽然在法律上能够获得一定的财产损失赔偿，但企业的发展和进步却受到了相当大程度的限制。第二，在选择第三方风险评估公司时，企业需要支付一定的资金来获得相应的服务，相比于企业财务管理部门的风险评估，在无形中增加了企业经营管理的经济成本，在一定程度上也阻碍了企业的发展和进步。所以，落实会计新制度能够强化财务管理对企业财务管理风险的管理与控制，企业在进行某种决策时能够充分

发挥企业自身的风险评估功能，既能降低机密资料丢失的风险，还能降低企业的经济成本支出。对于企业而言，能在保证风险评估有效性的同时促进企业的进步和发展。

### （二）完善了企业财务管理的相关模式

正如上文中提到的，会计新制度的落实能够充分发挥财务管理工作在企业管理工作中的风险评估管理作用，此外，会计新制度的落实也直接完善了企业财务管理模式，进而保证了财务管理部门发挥出其应有的作用。在我国市场经济快速发展的环境下，传统的财务管理模式既不适应市场经济发展的特点，也不满足企业发展进步的要求，这就导致传统的财务管理模式在实际工作中可能会出现一定的漏洞和失误。对于一个企业来讲，财务管理工作出现漏洞直接阻碍了企业的正常的经营管理水平。例如，财务管理的信息化能提高企业的管理工作质量和效率，但是在传统的财务管理工作中，信息化可能导致传统财务管理工作人员不能及时将相关财务管理信息进行登记、录入、管理，所以这两者之间出现的漏洞就是阻碍企业进行发展的关键弊病。会计新制度的落实能够完善企业财务管理的模式，进而促进企业发展适应市场经济发展的特点，最终实现企业良好经营管理效果的目标。

### （三）优化了企业财务管理目标

在传统的企业财务管理目标中，最主要的目标是保证财务管理工作不出纰漏，财务管理工作能够满足企业管理的基础要求。这种财务管理目标本身的被动性较大，不能发挥财务管理工作的自主性。而在会计新制度背景下，企业财务管理工作对工作管理目标进行优化。在现阶段，企业财务管理的目标是优化财务管理工作的质量和效率，促进企业发展和进步。这种财务管理目标相较于传统的财务管理目标而言，突出了主动性的特点，同时，能够与企业经营管理的目标相切合。另外，在会计新制度背景下，还能够帮助企业财务管理部门针对企业的经营发展目标制定相关的工作标准，这样能帮助企业在日渐激烈的市场竞争中实现上下一心，从而实现获得良好经济效益和社会效益的目标。目前，企业财务管理工作的最终目标是帮助企业实现资金利用率最大化、获得经济效益最大化、实现企业价值最大化。随着我国市场经济的不断发展，我国的市场出现了细分化、个性化的发展特征。越来越多的新兴企业出现，企业贯彻会计新制度能够帮助企业在激烈的竞争环境中站稳脚跟，充分发挥出企业独特的竞争优势，获得发展机遇，实现企业经营管理的目标。

## 二、财务管理工作创新的具体措施

### （一）使用现代信息技术优化财务管理工作

为了保证会计新制度能够在企业内部财务管理工作中发挥出自身的优势与价值，财务管理部门应该主动创新财务管理工作方式，以适应会计新制度的特点。随着我国高新技术和信息技术的发展，越来越多成熟的技术能够应用在企业的财务管理工作中，使用这种新型的信息技术能充分提高财务管理工作的效率和质量，给会计新制度的落实奠定了环境基础。使用现代信息技术优化财务管理工作，可以从以下两个方面入手。

第一，要建立标准的财务信息管理平台，在信息时代到来的背景下，使用财务信息管理平台辅助财务管理工作，已经成为大部分企业的标配。这就要求企业提供资金与技术人才方面的支持，帮助财务管理部门构建良好的财务信息管理平台。这个平台必须具备的基础功能主要包括：财务计算、财务信息储存、财务工作审批以及财务信息查询和登记功能。财务计算功能是针对财务管理工作中出现的简单的会计入账或者是发票报销等数据进行简单计算，即使不能作为工作的最终结果，但是能够对财务管理人员的基础工作质量进行简单的审核，降低财务管理工作人员在工作中出现失误的概率。财务信息储存功能主要是为财务信息查询功能提供数据库基础，这样能够充分提高财务管理人员或者是内部审计人员对财务信息进行审核作用的及时性，同时这两个功能的建立能够降低财务管理人员的工作量，提高其工作效率。例如，在风险评估的过程中，通过加强企业内部综合审计的方式，降低传统财务信息管理中纸质核验方式的使用频率，增加或者完全采用财务信息管理系统进行无纸化的办公和核验，对提高财务管理工作人员工作的质量和效率能起到积极作用。财务工作审批功能也是能提高财务管理工作质量和效率的功能之一。在传统的财务管理工作中，业务人员需要将财务票据送至财务管理部门，才能实现财务信息的收集报备和审批。但是现在使用财务信息管理平台，业务人员直接将财务票据的电子版本上传至平台管理待审批功能区，在财务管理人员处显示待办提示，这样才能充分优化整个财务管理工作流程。如果条件允许的话，还能在财务信息管理平台中添加大数据分析功能，这样在面对业务人员出现虚假报销等现象时，平台能直接驳回审批项目，不仅能大幅降低企业资金支出的成本，还能促进企业经营管理工作向更好的方向发展。

第二，应该单独建立一个财务管理部门拥有的财务审核系统，这个系统不会被用于财务管理部门以外的所有部门，而是直接对董事会或者是企业内部的财务机构负责。企业管理相关负责人能够通过自己的权限调取相关的信息，但是不能对已经记录的财务信息进行更改。这样能充分发挥财务管理工作的风险评估和控制作用，提高企业管理部门或者是决策机构对企业的直接管理权力作用范围。这个系统可以建立在财务信息管理平台中，但是需要注意的是，一定要建立高强度的防火墙，这样能极大程度地降低企业财务信息的泄露风险，提高企业发展的安全性。如果条件不允许，无论是财务信息管理平台，还是财务审核系统，最好直接建立在公司的内网中，最大程度地保证企业内部的财务信息不会受到外部入侵的危害。

### （二）提高财务管理工作人员的专业能力和业务素质

提高财务管理工作人员的专业能力和业务素质，也是全面落实会计新制度的基础。在会计新制度背景下，出现财务管理漏洞的主要原因在于，传统财务管理人员无法适应会计新制度背景下的工作方式，主要体现在财务管理人员的信息技术的专业水平较低、学习能力不足等。针对这种现象的出现，应该提高财务管理工作人员的专业能力和业务素质，以此促进会计新制度在企业发展中的进一步落实。对于提高财务管理工作人员的专业能力和业务素质，主要可以从以下两个方面入手。

#### 1. 提高企业现有财务管理人员的专业能力和业务素质

通过组织内部交流学习或者开展职业培训的方式来帮助现有的财务管理人员快速、熟练地掌握相关的工作技能。例如，在建立财务信息管理平台的过程中，企业要聘请专业的技术人员对现有的财务管理人员进行平台功能培训，通过这种理论培训与实践操作的方式帮助财务管理人员提高对信息平台的适应速度和使用能力。再如，企业可以与高校中的财务管理专业进行合作，企业为财务管理专业的学生提供实习岗位，而财务管理专业为企业财务管理人员提供专题性的培训或者讲座教育。这样做有两个好处：一是企业管理人员能够在平时的财务管理工作中更为直接地发现具有潜力和能力的专业人才，对于工作能力较强的人员可以采取内聘的方式收揽到企业当中；二是由高校为企业提供专业培训，能有效提高现有企业财务管理人员的专业能力和业务素质，能直接提高企业财务管理部门工作的质量和效率。此外，企业要调整内部财务管理人员的结构，以此保证工作人员能够具备提高自己专业能力的素质。在我国旧有的会计制度背景下，很多的财务管理人员由于年龄或者其他原因已经不具备高效的学习能力，已经对旧有的会计制度产生了严重的依赖。所以，为了保证企业财务管理部门能够适应新型会计制度，可以将部分财务管理工作人员调整到其他业务岗位中，充分调整整个财务管理部门的人员结构，实现提高企业内部财务管理工作质量和效率的目标。在进行这一步工作的背景下，企业内部要能够建立一定的激励制度和考核机制，以此来推动财务管理工作人员能够主动地学习会计新制度的相关内容，对自己的工作内容和工作要求进行优化，保证企业的财务管理工作能够为企业的效益贡献最大力量。

2. 提高整体财务管理部门的专业能力和业务要求

在现阶段的市场经济发展条件下，高质量的人才是值得企业去争抢的，企业发展的核心原动力是员工，是人才。提高整体财务管理部门的专业能力和要求，必须要做的是在人才市场中发掘具备极强专业能力和业务素质的人才。上述人才大致可分为以下两种：一种是没有工作经验和社会经验的应届毕业生；另一种是具有丰富经验，在财务管理行业内持续深耕数年的专业人才。针对这两种人才特点的不同，企业进行招揽的方式应该也是不同的。首先，在对没有社会经验和工作经验的应届毕业生进行招聘时，专业成绩是首要的考虑条件；其次，考虑学生在面试时的基础条件，如商务礼仪或者是专业程度等。更重要的是，在招聘完成后需要对他们进行重点的培训，以此保证其工作质量和效率能够满足财务管理工作的要求。针对具有丰富工作经验以及社会经验的人才，主要考察的应该是历年工作的成果。招聘具有丰富工作经验的社会人才，能直接提高整体财务管理部门的工作质量与效率，更重要的是，还能带动财务管理部门提高专业能力和业务素质。所以，为了保证企业财务管理工作保质保量地开展，应该及时优化内部财务管理人才结构，通过引进高质量人才促进财务管理部门人员提高专业能力和业务要求。

**（三）建立直接对财务管理部门负责的审计工作小组**

在国外的财务管理部门中，其审计团队都是直接对董事会负责的，但是在我国企业中，传统的财务管理部门没有良好的审计团队。所以，应该建立由财务管理部门负责的审计工作小组，这样不仅能够充分保证企业内部的正常的财务资金与准确的风险评估，还能够避免企业内部出现中饱私囊、以权谋私的现象，同时能够帮助企业做出科学合理的正确决策。建立这个审计工作小组的要求主要有两点：第一，审计工作小组的工作不能影响企业正常的生产经营；第二，审计工作小组要能够充分发挥作用，对企业内部的所有资金往来活动进行全面的监察，以保护企业资金财产安全。所以针对审计工作小组的工作范围和工作内容，应该建立审计工作的相关规则和制度来满足建立审计工作小组并且进行工作的要求。在传统企业审计工作小组的工作过程中，经常出现审计工作小组为了核查相关的财务往来，对企业的生产和经营造成了阻碍，严重的甚至要停滞企业的活动的现象。但是在现在信息时代发展的过程中，对财务信息的核查早就不需要使用传统的手段和方法。同时为了避免出现在审计过程中阻碍企业正常生产经营的现象，一定要控制审计工作小组的工作方式，这样才能既发挥审计工作小组的作用，同时又保证企业获得相应的经济效益。所以要在制度上对审计工作小组的工作方式和工作范围进行良好的控制。审计工作小组的工作职责保证它能够针对财务管理工作中的各个流程进行全面的监管，这样能够显著提高审计工作的质量和效率。为了降低审计工作小组的工作影响企业的正常经营和发展，应该构建良好的审计工作小组制度，要求审计工作小组将审计工作的责任落实到具体的工作和个人，这样能降低审计工作小组在工作中出现失误的现象。例如，在审计过程中，如果审计工作小组发现所审计的财务往来及资产全部符合要求，那么审计工作的主要负责人需要对审计过程承担责任。如果在审计过程中，审计工作小组发现财务管理中的财务往来以及资产有不符合要求之处，相关部门的负责人除给出合理的解释外，还要赔偿财务管理中的损失，同时还要承担因财务问题给企业造成的经济损失。为了提高审计工作小组的工作质量，尽量要求审计工作小组的成员是在企业内部工作满一定年限的财务管理人员，这样在进行审计工作时能够有的放矢，提高工作效率和质量。

# 第三章　大数据时代的财务管理

本章为大数据时代的财务管理，主要包括三节内容，依次是第一节大数据与企业财务管理、第二节大数据时代企业财务管理问题及优化路径、第三节大数据时代财务管理智能化转型。

## 第一节　大数据与企业财务管理

互联网的快速发展加快了信息的流通，各种数据充斥在互联网中。数据成为各行各业的重要生产要素和资源。在现代市场经济中，面对着企业的快速发展，随之而来的是数据的不断增加，企业财务管理的数据也是越来越庞大。在这个大数据时代，企业财务管理如何深化数据应用，对海量的数据进行收集、分析，从数据中发现新的机遇，也就是能够为企业创造更大的新价值，实现大数据的财务价值，显然已经成为企业财务管理的重要工作之一。

所以，当我们提及大数据时，不能简单地把它作为一种信息看待，数据就是企业的一种资产，它可以为企业创造价值，不仅如此，大数据所创造的价值并非一次性的，它的价值可以产生衍生的效益，能够创造不可估量的价值。不可否认的是，在市场中企业间的竞争也是数据的竞争，谁拥有更多的数据资源，谁就能够创造更多的价值。当前，越来越多的企业认识到了大数据在创造财务价值方面的作用，所以纷纷将大数据应用于财务管理中，以期能够借助大数据更好地促进企业的发展。

### 一、大数据应用于企业财务管理的重要性分析

#### （一）大数据有助于企业更好地认知自身的财务状况

企业财务管理实现大数据管理，其实有助于实现企业对财务数据更为深入的

挖掘与应用。借助于互联网手段，企业会有更多的渠道获得大量数据，并且能够对这些数据进行收集、分析与管理，显而易见地能够对企业自身的经营状况、财务状况等形成认知。

**（二）大数据有助于实现财务管理精准化**

随着经济的快速发展，企业之间的竞争日趋激烈。因此，只有实现了企业财务精细化管理，才能够更好地适应市场的发展，更好地参与市场竞争。在大数据时代，企业管理者必须要树立精细化的财务管理理念，制定并执行相关的措施，才能够实现从传统的记账模式转变为动态全过程的管理。大数据的加入，有助于实现财务管理精细化，有助于降低企业的资金风险，提高企业管理效率，不仅如此，还能够帮助企业管理者做出正确的经营决策，让企业能够了解到在企业当前财务中存在的不足与问题，并且通过对企业财务数据的详细分析，为企业管理者做出正确的研判提供足够的数据支撑。

**（三）大数据有助于促进业财融合**

过去传统的业务与财务管理分别运行，然而这两个部门都是企业的核心部门，对于企业的经营、发展而言有着重要的意义。事实上，业务或者业务部门并非孤立存在着，每一项经济业务的完成都需要财务的支持与配合。将大数据应用于企业财务管理中，能更好地促进业务与财务管理两个部门之间的合作，促进业财融合和企业的发展。

**（四）大数据有助于提升企业管理水平和效率**

大数据的引入无疑提高了企业财务管理信息化的进程。业务流程中的每一个环节和工作都会被完整地、真实地记录下来，比起传统的人工手写的形式更容易保存，并且通过大数据平台，财务管理人员能够更好地对数据进行分析，并将结论提交给企业管理层，以便对企业的发展做出正确的判断，而且还能够发现当前企业管理中存在的漏洞与问题，查漏补缺，更有助于提升财务管理水平和企业管理水平。

**（五）大数据有助于提高企业内部控制水平**

大数据还能够促进企业内部管理水平的提高，加强对企业内部审计，更有助于财务管理的透明化。当前企业内部控制还存在着一些问题，例如监督力度有限等，这些问题得不到有效解决则会影响企业的发展。尤其是面对着风云变幻的市场，落后的内部控制显然无法指导企业快速做出市场反应。大数据则能够提高企业内部控制水平，发挥内部控制的作用，并能够引导企业根据市场的变化及时做出反应，还能够提高企业的决策水平，对企业发展而言无疑是积极的。

### （六）大数据有助于实现财务管理信息化

人类社会已经进入信息化时代。大数据等科学信息技术的应用，使企业财务管理更好地实现了信息化。财务系统信息化的建设，无疑能够提高企业财务管理的水平和效率，不仅能够减少业务所需要花费的时间，而且还能够通过大量的数据分析，为企业提供更为高效准确的财务结论。大数据推动了企业财务管理和信息化的高度融合，使财务管理不仅仅是记账这么简单，也使数据能够为企业管理的全过程服务，从而提供有价值的信息，在很大程度上提高了财务管理在企业经营和管理中的价值与作用。综上所述，大数据对企业财务管理的影响是多方面的，企业应该准确把握大数据下财务管理的方向，更好地使大数据等信息技术在企业财务管理中发挥作用。

### （七）大数据有助于改善企业传统财务管理模式

财务管理工作主要是通过对大量财务方面的信息数据进行获取和分析处理，得出准确的结果，从而对企业的经营状况进行总结，进而进行财务决策。在传统的财务管理模式中，大量的信息处理工作是通过人工进行的。而人工采集和分析数据的渠道十分有限，还会出现数据不精准的问题，效率低，成本高，对企业决策、业务发展都会产生影响。大数据时代，企业财务管理应该统一处理业务相关的所有数据，这样得出的结果才会更加准确、科学。财务管理工作运用大数据技术，可以运用计算机数据模型进行分析，减少人工的使用，使财务工作更加智能化、精细化。改善传统财务管理模式，调整财务管理结构是大势所趋，财务转型势在必行。

### （八）大数据有助于提高企业核心竞争力

由于大数据技术，企业之间的竞争模式已经发生了根本性变化。数据可以反映个体的喜好，这对企业研究消费者心理大有裨益。另外，大数据技术可以使得信息更加公开透明乃至共享，这样更有利于企业对未来发展进行预测，为企业财务管理转型提供帮助。此外，企业管理人员可以通过大数据技术及时发现内部的问题，从而进行风险预警，遏制风险的发生，提高核心竞争力。大数据技术更有利于企业在多领域研究消费者群体，从而更精准地对消费者客户群进行定位，树立自身在市场竞争中的优势，在市场竞争中占据有利位置，从而得到更多的经济利益。

## 二、大数据下企业财务管理的方向

### （一）转变传统观念，树立数据共享理念

本书所提及的数据共享理念是大数据下的管理理念。在大数据环境下，要求企业财务管理工作摒弃传统孤立工作的工作理念和态度，通过收集应有的数据资源，改变传统的部门信息沟通不顺畅的现象，促进信息共享，更好地实现对企业内外资源的整合和配置优化。作为财务管理人员，必须要跳出固有的办事思维，能够从企业的宏观层面考虑，搭建一个适合本企业财务管理的数据共享平台，提高数据的收集与应用能力，并且通过财务管理工具能够对数据进行价值判断，为企业经营和管理提供具有针对性的解决方案，甚至可以预防企业经营中可能会出现的风险。

### （二）注重财务数据，实现业财融合

当前企业对数据的依赖性是比较高的，企业在发展过程中借助财务数据实现对企业发展与经营的收益分析、目标达成、未来发展等。本文所提及的业财融合主要是指在企业发展过程中汇总，能够实现财务管理和业务之间的深化合作，优化财务管理的工作流程，从而提高企业财务管理的管理效率。这就要求在这个过程中，财务管理部门不仅要对财务管理数据实现收集，还要对财务数据实施有效分析，改变传统的单一财务工作，实现财务工作的转型发展。

### （三）建立数据管理系统，实现财务管理信息化

随着互联网的快速发展，企业收集数据信息的渠道日趋多元化。面对日趋复

杂的市场，要求企业必须掌握足够的市场数据，才能够更好地为企业财务管理和企业发展提供数据支撑。因此，在大数据下，企业财务管理发展的一个重要方向就是要能够搭建数据管理系统，能够不断地实现财务管理信息化。

### （四）重视人才引进，搭建复合型专业人才队伍

在企业的创新与发展中，大数据发挥着至关重要的作用，企业财务管理树立大数据理念、搭建大数据平台等，这一切都需要依赖人才。当然，财务管理复合型专业人才与传统的人才不一样，他们不仅需要具备专业的财务知识和能力，还需要具备熟练的计算机应用和数据分析能力，能够发挥财务管理在企业管理中反映、监督财务信息、战略服务等多项职能与作用。

## 第二节　大数据时代企业财务管理问题及优化路径

### 一、大数据时代企业财务管理问题分析

#### （一）企业财务管理信息化水平不高

虽然大数据在助力企业财务管理信息化方面发挥了积极作用，但仍存在着一些问题。企业财务管理信息化标准不明确，在实际的工作中企业通常会比较重视业务信息化建设，而财务管理系统作为企业信息化管理的重要组成部分，往往得不到应有的重视，这也导致了不少的企业财务管理信息化仍然停留在初中级阶段，即完成了对数据的收集与简单分析，至于更为复杂的市场研判方面的结论无法通过已有的数据平台实施，这其实也会影响企业各项工作的开展以及企业未来的发展。企业财务管理应该根据相关的标准要求，能够对财务管理、资产管理、物资管理等子系统进行有效建立，并且还能够制定出较为详细的指标与要求，全面提高财务管理系统。不仅如此，企业财务管理信息化水平不高的另一表现则是，企业各部门之间的信息沟通不顺畅，财务管理部门往往出现信息"孤岛"的现象，虽然利用了信息化手段，但是取得的效果却差强人意，究其原因，还是在于信息化建设中各部门之间的沟通较低，信息流通性不强，企业其他部门的信息无法准确、及时、全面汇集到财务管理部门或者系统中，导致了财务管理信息化水平不

高，也就无法实现信息流的最大共享，不能形成规模效应，财务管理信息化水平提升也受到了影响。

### （二）财务管理信息系统的科学规划不足

从企业财务管理信息化发展水平来看，由于对于财务管理信息化的认识不够深入，一些企业在建设中并没有高度重视，只是搭建了信息化平台，硬件上得到了保障和支持，然而在软件应用与升级方面所做的工作并不充足，这其实就是因为在信息化系统搭建过程中，管理者往往只是考虑了对财务管理部门所需要的基本功能的满足，缺少对信息系统的扩展性研究与规划，自然也就无法实现大数据等信息技术与企业财务管理的有机融合，无法发挥数据在财务管理中的重要作用。

### （三）财务管理系统的数据管理不规范

数据规范化管理对于企业财务管理而言也是非常关键的，如果企业财务管理系统没有将数据管理实施标准化、规范化，那么就会直接影响后续对数据的应用、挖掘，也就无法实现资源共享、传输等功能了。不仅如此，数据管理不规范还会影响信息化平台的安全性。例如，一些数据管理并没有设置相应的权限，财务管理人员无论等级高低都可以登录系统，从而实现对数据的操作；又如，一些涉密度较高的数据处理，并没有设置专机专用，在某种程度上是会增加信息被恶意篡改或者套取的可能性等。这些例子中就是因为对财务管理系统的数据管理不规范所造成的。数据，尤其是一些商业秘密的数据，一旦被泄露或者盗取，则会对整个企业的发展造成极大的负面影响，甚至还会导致企业倒闭等严重情况的出现。

### （四）企业财务管理效率普遍不高

一些企业，尤其是中小企业为了能够节省开支，财务管理往往由一人或少数几人承担所有的工作，人员少、任务重的现象还是存在的，不仅如此，财务管理人员的专业性水平也表现出参差不齐。尤其是在计算机的操作方面，一些财务管理人员的操作水平不高，无法满足大数据时代对财务管理工作的要求，而且一些财务人员并没有深刻意识到现代化技术对财务管理工作的重要性，主观认识不高，这些原因都会影响企业财务管理的效率。与此同时，财务管理工作不仅仅是记账这么简单，所涉及的内容多而复杂，就算是引入了大数据等信息技术，由于多种原因并没有发挥信息平台应有的效率，这其实都会大大降低企业财务管理的效率。

### （五）对财务管理的重要性认识不足

受到传统认知观念的影响，财务工作与业务部门之间没有关系，而且财务工作就是记账、算账，把企业的经营情况通过财务报表上报给管理层决策，工作烦琐，周而复始，并无太大的工作积极性。业务部门也只为本部门或个人的短期目标及业绩冲刺、努力，也不会站在全局角度考虑，在企业经营出现问题时无法调整业务方案，影响财务管理工作的长远发展。

受到传统观念影响，企业内部出现资产流失与浪费的情况。企业内部没有合理设置账目资产项目，记录时仅依靠卡片，忽视资产使用、调拨等内容。同时，在实际中没有及时分析企业资产分布、变化等，经常出现统计结果不明确的情况，存在记录与实际情况不相符的情况。

此外，受长期以来的理念影响，企业内部资金管理效率偏低，影响企业内部资金效益的提升。

### （六）公司财务管理治理机制不完善和不科学

风险管理背景下企业开展运营工作时，通过强化财务工作更好地管控企业资金与账本，推动企业规范化发展。这就需要财务会计提供真实可靠的信息，做好数据分析研究工作。但实际财务工作开展时，部分财务人员缺少风险管理理念，没有意识到在财务工作中融入工商理念的重要性，在实际工作时可能出现各类问题，直接影响财务信息的质量。当管理层依据这些失真信息决策时，难免出现错误决定，直接影响企业的长远发展。

财务会计工作可以为企业发展服务，但实际中面临财务管理治理机制不完善的问题，最直接的体现就是财务工作与业务工作联系不够紧密，企业运营时双方无法有效配合，财务会计难以起到促进业务发展的作用。这种管理缺陷直接影响风险管理理念的融入，限制财务优势的发挥，不利于企业的长远发展。

### （七）审计工作人员知识体系不健全，内审薄弱

企业内部审计工作人员在具体工作中缺乏基础的专业理论知识作为支撑，对

于审计有关的概念和理论体系缺乏有效的认识。在经济不断发展的过程中，审计知识的有关重点也在不断变化，因此审计工作人员需要及时更新理论知识和管理知识，不断完善自身的专业知识体系，从而更好地为实际审计工作的开展提供专业支撑。

但在实际工作中，很多企业的内部审计工作人员对最新的管理知识认识不够，难以熟练掌握科技知识，导致在日常工作中缺乏创新意识，依然采用守旧的方式开展工作。在这种情况下，审计工作人员面对复杂的审计任务时，专业能力就会降低，这就增加了审计的风险。

## 二、大数据时代企业财务管理优化路径

### （一）深刻意识到大数据、财务管理信息化的重要性

企业应该树立意识，高度重视大数据、财务管理信息化对企业发展的重要性，这些都是企业的战略支撑。近些年，企业越来越重视大数据、信息化系统在财务管理中的作用，就是因为大数据、信息化系统背后拥有着巨大的应用价值，能够为企业的发展提供战略服务。可以说，企业的发展离不开大数据的支撑。企业财务管理要切实将大数据应用起来，借助当前信息技术的发展能够发挥数据的实际价值，让数据"活"起来，树立数据思维，提高数据的应用效率。同时以大数据等技术建立的财务管理信息化平台也能更好地采集、分析数据，实现数据在各个部门之间的互联互通，让财务管理能够发挥其职责，为企业的发展提供具有效用的支撑。

### （二）建立科学有效的财务管理系统

建立大数据时代的财务管理系统，并非一个部门就可以办到的，从企业管理层到每一位财务管理员工，都应该加入财务管理系统建设中。首先，企业管理高层应该高瞻远瞩，充分意识到数据在创造财务价值中的作用，并且能够站在企业发展的全局、宏观层面上搭建财务管理系统，实现财务管理信息化。其次，建立相应的财务管理规章制度，严格规范数据的收集、应用等各个环节，能够做到专人专责，权责分明。最后，积极推进财务共享服务，实现信息的共享，以便财务

管理部门能够在掌握全面的数据基础上做出正确的企业经营研判结论，为企业未来提供具有参考性的指导。

### （三）完成业财融合制度的建立

通过建立业财融合制度下的业务责任制度、财务责任制度，做到职责明确。同时，通过建立相关的制度，能够将责任真正落实到企业部门、个人，这样就能够调动部门、个人的工作积极性，更好地促进相关工作的完成。当然，还要注意适当的奖罚，这对于工作来说是非常有必要的，建立适当的奖罚制度，并与年度考核、绩效管理相结合，这种形式与做法对于企业财务管理工作也具有促进作用。

### （四）实现技术与专业的协同效应

在大数据时代，技术与专业的配合是非常关键的。财务管理人员一方面需要掌握足够的专业业务知识，另一方面还应该具备丰富熟练的数据操作分析能力。企业在财务管理方面应该要着重培养一批业务知识和数据应用兼具的复合型专业人才。人才是对实现财务管理创新的保障，所以企业财务管理要想走向更高层次，就需要通过引进或培养技术与专业综合能力强的人才，才能够更好地利用大数据带来的机遇，促进企业的发展。

### （五）优化分工

在大数据时代，为了进一步发挥企业财务人员的能力，挖掘其价值，提升其工作可操作性，企业管理者可以在一定范围内放宽限制，帮助财务部门针对工作内容、职责范围等进行分工和优化，以保证企业在竞争日益激烈的大环境下获得可持续发展。

首先，可以针对企业财务管理增设相关部门，对财务管理内部组织结构进行细化和优化。如建立专门的数据管理部门，对企业运营中所产生的财务数据和非财务数据进行及时处理。

其次，为财务部门配备专业的数据分析员。相比而言，传统财务管理人员已经不能适应新时代经济发展需求，特别是对数据的收集、分析和处理，其勉强程度可见一斑。因此，在财务管理人员能力有限的情况下，企业可以通过为他们配备专业数据分析员的形式解决问题。而且数据分析员不仅能帮助财务管理人员解决当前的工作问题，还熟练掌握统计学知识、数据处理技术以及分析技术等，能够利用计算机和大数据对企业财务数据进行深入挖掘，发现其中隐藏的信息，为企业决策提供更多、更新的数据支撑和参考。

最后，公司在进行财务系统构建时，还要充分考虑自身的实际发展水平，包括具体业务模式、未来发展规划等，对目前以及未来一段时间内市场经济发展和可能出现的变化情况进行全面调查和了解，实事求是，避免设置出一套不能反映市场经济实际发展趋势且阻碍公司发展的财务管理体系。为此，公司需要先组织相关工作人员建立一个内部财务组织，然后根据公司发展以及实际需要对该组织内部进行具体划分，包括相关人员的工作职责、权利等，针对公司运行中出现的财务问题进行明确分工，以免出现员工逃避责任的现象。

## （六）加强财务在预测和决策方面的作用

随着科学技术的发展，企业在进行财务管理时也要与时俱进，尽可能地发挥大数据技术在风险预测和企业决策方面的优势。通过大数据处理技术对企业财务数据进行全面分析和预判，并结合企业实际发展状况对预测出的各种结果进行分析、对比和总结，选出最优方案，同时确保最终结论的客观性和全面性。

另外，利用大数据技术能够将企业财务管理和业务活动有效联系在一起，通过平台整合，汇总成直观的财务数据，最终以报表的形式呈现。如此，企业可以结合财务报表以及当前的市场发展状态，做出对企业发展最有利的决策，在规避风险的基础上，确保企业所开展的经营活动都朝着正向发展，全面提高企业发展的可控性。

## （七）加强对企业财务风险的管理

对于企业发展而言，所有经营活动的开展势必存在一定的风险，但是利用大数据技术能够帮助企业加强对风险的管控，而且大数据技术能够根据数据整合和挖掘技术，对企业发展中可能出现的风险进行预判，进而根据实际提供更有力的数据支持，帮助企业制定出更加合理完善的风险规避措施。所以，在企业财务管理中一定要加强对大数据技术的应用，进而加强预测，并进行必要的财务风险管理重构，推动企业平稳发展。

首先，企业管理者和财务工作人员一定要明确何谓财务风险，进而结合实际围绕风险展开概念重构工作，对风险形成的具体原因、主要表现形式等展开分析。其次，在概念重构的基础上，对其防范措施进行重构，即通过大数据技术、预算分析技术以及建模技术等对企业运行中的潜在风险进行预测和防范。最后，结合实际对企业财务风险控制体系进行完善。借助大数据处理技术的挖掘和分析能力，对财务风险进行评估，利用强硬手段推动企业财务管理水平的提升，提高其实用性。

### （八）结合企业实际情况，营造内部业财融合的良好氛围

对于企业财务管理而言，业财融合的关键是要帮助企业及员工加深对相关知识的理解和认识，方便企业财务管理和业务开展。与此同时，在企业内部一定要加强对业财融合理念和相关优势的宣传，并且将业财融合纳入企业财务管理绩效目标考核中，帮助企业财务管理相关人员加强对业财融合的重视和认知，从而按照企业发展的需求一步步努力，尽自己最大努力落实业财融合等相关工作，促进自身业务能力和综合素养的提升。另外，企业内部也应适当做出调整和改革，可以借助联谊的形式加强业务部门和财务部门之间的联系和交流，以此提升沟通效率，便于财务人员用最短的时间了解业务人员的工作流程，掌握业务相关数据，从而对企业发展经营有一个全面而详细的了解。

企业想要实现稳定发展，就必须在内部财务管理中建立一个相对完善的业财沟通机制，借助沟通机制促进财务部门和业务管理部门间的联系和交流，弥补两者因为工作性质、模式和内容在工作配合上的不足。同时，鉴于现代社会信息高速发展，无论是财务部门还是业务部门每天都会产生大量的数据信息，而想要对这些数据内容实现快速处理和整合，就必须加强两部门间的沟通与联系，因此可以借助现代信息技术，在网络设备的支持下，构建一个供内部员工共享的数据信息平台，方便企业内部财务和业务部门对企业发展的最新数据信息进行分享和共用。另外，企业为财务部门和业务部门建立数据信息共享平台，虽然可为员工工作提供方便，但同时也会给企业内部财务管理增加风险。所以企业在加强员工管理的基础上，还要重视平台建设的可靠性，加强网络安全管理和财务风险管控，利用人工智能、设置密码等网络安全技术全面加强网络安全管理。此外，企业还可通过建立反馈机制的形式加强财务和业务部门之间的沟通，在加强合作的基础上提升两个部门的工作效率，促进企业财务管理能力的提高。

### （九）做好财务信息安全管理工作

1. 端端数据加密技术的应用

一种常见的数据加密技术就是端端数据加密技术，这种技术利用专业密文对网络数据信息进行防护。将端端数据加密技术应用到计算机网络中，能提升数据信息的安全水平。同时，端端数据加密技术的应用需要建立独立的数据传输路线，因此即便某个线路出现异常，也不会影响计算机系统中其他数据包的安全，通过这一数据加密技术可以提高数据传输的安全性。

2. 数字签名认证技术的应用

在数据安全技术不断发展的今天，数字签名认证技术也开始出现在人们的工作和生活中。数字签名认证技术可以明确用户身份信息，避免出现信息泄露或被盗取的情况，提高计算机网络运行的安全性。目前，这一技术分成两种，即口令认证与数字认证，前者相对于数字认证的成本更加低廉，使用起来更加方便快捷。

3. 节点数据加密技术的应用

计算机网络安全中节点数据加密技术有着较为广泛的应用，数据信息传输时利用加密数据传输线路，可进一步提高信息传输的安全性，提高网络系统运行的安全性。此外，节点数据加密技术在应用过程中也会存在一定的缺点，具体而言，就是信息的传输者和接收者需要使用明文传输方式，这种传输方式容易受到外界因素的影响，因此面临的安全风险也相对较高。

4. 密码密钥数据技术的应用

就当前的数据加密技术而言，尽管有三种服务模式，并且网络架构和技术指导存在明显差异，但数据加密技术服务商通常会将生产的应用程序交给用户使用，这也是数据加密技术的共性。无论数据加密技术服务模式还是架构问题存在怎样的差异，都不可避免地存在相应的安全技术漏洞，因此，应增加密码密钥数据技术的应用，进一步提高财务信息的安全性。

### （十）提升专业会计从业人员的综合素养

在大数据时代背景下，现代企业财务管理工作的创新固然需要借助于信息技术、计算机技术等，但无论是有价值信息的搜集、分析，还是最终数据的应用、决策，都是由具体的人来执行的，因此，要实现财务管理工作的创新，就必须要特别注重提升企业专业会计从业人员的综合素养。企业领导者应该提升安全意识，提高财务数据管理水平。网络容易传播病毒，对于有关网络文件必须设定相应的权限，以避免这些文件受到网络病毒的侵害而导致有关数据受损。为了真正提高财务安全，企业应该对会计人员提出更高的要求，促使他们不断转变从业观念，不断提高其会计从业水平和能力。企业可以定期对会计人员进行培训，并在培训过程中逐步提高培训的宽度和深度，加强其职责范围。为了更好地开展主营业务，企业在对会计人员进行培训时，必须重视培训的相关性，确保会计人员的素养水平能够适应当前会计核算的工作需要。另外，企业还可以利用聘用管理机制，利用绩效奖惩措施来进一步提高会计人员的工作主动性和积极性，从而提高会计核算的效率和水平。

## 第三节　大数据时代财务管理智能化转型

随着互联网的飞速发展，各种数据信息充斥着人们的生活。鉴于大数据技术的多样性和高效性等特点，企业要想跟上时代的步伐，应用大数据技术是十分必要的。另外，传统的财务管理模式已经不适应时代的发展要求，企业要把眼光放长远，要合理把握市场发展趋势，合理预测企业未来发展走向，这就更需要数据的帮助和支持。因此，合理利用大数据技术的优势，对企业财务管理的发展与转型具有重要意义。

### 一、大数据背景下企业财务管理转型存在的问题

#### （一）财务管理转型理念缺失

在企业日常工作中，通常财务工作人员都各司其职，专注于手头的工作，作为财务信息的搬运工，把日常经营的业务凭证转化为财务语言，很少有人动脑思考，对整个的行业前景并没有一个清晰的认识。很多人安于现状，知道自身的能力欠缺，也懒得提升自己，工作也是被动接受，很难接受新鲜事物。此外，一些企业中高层也不具备运用大数据技术进行财务转型的意识。

### （二）缺乏大数据和财务管理复合型人才

我国大数据技术人才缺口大。一方面，运用大数据技术工作通常需要计算机智能化办公，这对于习惯了手动办公的传统财务工作者会产生巨大的影响。例如，财务工作往往是专门的岗位由专门的人来负责，大家都只做自己的工作，以做好自己的本职工作为目标，很多人不想学习新兴技术，可能本专业技术都没有做到精益求精，团队丧失了创新改变的能力。另一方面，随着大数据的深入应用，财务工作不单单是事后记账结算那么简单，数据分析和预算管理变得十分重要，这就需要更多专业性的复合型人才。而很多传统企业中专业性的财务人才都很少，更别说既懂得财务管理又懂得大数据技术的复合型人才了。

### （三）财务管理风险增加

由于企业财务工作者接触大数据的时间较短，财务管理系统还不完善，企业对于财务风险的预测和防控还存在缺陷。例如，随着企业经验的不断积累，企业需要处理的财务工作量就会越来越多，那么企业下属公司的工作量也会增加，不过，在企业传统的经营模式下，财务工作人员只需要做一些简单的事后核算，相关工作人员也能够很快识别财务风险，并且有效解决掉。但进入大数据时代，工作人员难以及时发现财务风险，因为财务信息大都集中在大数据平台上，与人员相互独立。时间长了，会使很多重复性的信息内容剥离不开，很难去区分解决，会为财务管理工作增加负担，从而导致风险增加，很难顺应时代发展趋势，对企业财务管理进行优化。

### （四）信息数据的整合存在问题

在大数据时代，财务管理工作的智能化转型中最关键的方面就是财务信息的整合问题，这是企业财务管理非常重要的一部分。例如，在传统财务管理过程中，人们的工作习惯很难改变，财务软件中的漏洞得不到修补，需要更新的模块很少及时更新，这就使我们达到实现财务信息共享的目标非常困难。相关子系统存在关联性差、连接效果差等问题，造成企业无法落实财务信息共享要求。在企业生产经营中，包括需要各个部门相互配合的诸多环节，从而进行信息共享。由于当前企业信息整合盲目，各个系统之间的衔接存在问题，导致整个信息管理不统一，无法满足信息一体化的标准。企业财务工作人员在短期内无法应对专业性技术工作。

### （五）业财融合还存在差距

例如，在很多传统的行业里，财务管理工作都是事后进行的。财务人员通常对于企业业务流程、经营状况没有详细的了解，只是在处理凭证、收付款、报税等日常工作，所以财务报表中反映出来的信息并不能全面反映企业的经营状况。而财务报表往往是企业管理者进行决策的参考依据，这样就会使企业的决策存在偏差，导致决策不合理。这样看来，企业的财务工作和业务工作并没有真正结合起来对决策提供参考。

## 二、大数据背景下财务管理智能化转型的对策

### （一）树立智能化的财务理念

要想使企业财务管理转型发展，意识观念必须有所转变。要充分认识到智能化对财务管理转型的重要意义，认识到大数据对企业未来财务管理的发展具有不可缺少的作用。必须树立智能化的管理理念，企业可以努力宣传大数据的优势作用，让相关工作人员参加大数据相关知识讲座，进行专业知识的学习，启发大家的思维，认清企业未来的发展趋势，在提升自己专业知识的同时，转变思想，共同进步。特别是企业的管理层，要多与其他财务智能化企业交流，转变管理理念，认识到财务管理智能化转型的重要性。

### （二）培养复合型专业人才和完善财务管理流程

企业需要财务管理工作专业人才和大数据分析专业人才。企业可以通过外部吸引和内部培养复合型专业人才。企业选聘优秀人才进入企业，必须对相关专业人才进行全面的考核。企业内部有相关工作人员想要学习财务专业知识和大数据相关知识，企业应该给予必要支持，请专业人员对员工进行培训。建立完善的奖惩机制和晋升机制，使大家有干劲儿、有目标，企业要珍惜人才，这样企业才能发展更长远。企业在培养人才的同时，也要完善自身财务管理的工作流程。工作

环节的每一步都要清晰明了，每个专业财务人员各司其职，设置每一步的操作权限，做到权利与责任划分清楚，这样也有利于保护财务信息安全。利用大数据技术，使财务信息公开透明，这样也就提高了财务工作的效率，解决了以前财务管理工作手续繁杂的弊端。

### （三）加强财务风险的控制

在大数据平台加入人工智能技术，将逐步形成完善的财务管理控制系统。首先，在大数据系统中，企业要输入日常经营发展活动中的各种数据信息，并依据日常经营中存在的风险形成相应的指标体系，从而预防风险的发生，保证企业流动资金的稳定性，并通过对资金的控制使企业的利润空间有效上升。其次，企业可以着手聘请专业人员协助企业财务管理人员，努力运行和维护大数据平台，充分利用大数据技术对财务风险进行控制，保证财务管理工作规范化。最后，对企业的财务风险管理制度进行完善。内外各个部门之间相互协调控制，优化企业风险管理的氛围，加强各部门之间的沟通与相互协作，彼此制约，外部进行制度约束，加强工作人员的风险管理意识，对各部门进行全面的风险预估。

### （四）企业财务管理信息系统的完善

财务管理信息系统是大数据进行处理分析不可或缺的重要一环。企业财务管理必须洞悉市场瞬间的变化，并且及时进行相应的决策调整。这就要求企业对财务管理系统进行完善调整，使财务管理工作效率更高，方便迅速，保证财务管理工作有秩序地顺利开展。企业应该尽快引进信息系统，对信息进行精准采集、处理和分析，做出合理预测，保证准确的信息及时到达工作人员的手中。企业要建立统一的数据标准，确保财务数据和业务数据的标准和规范，保证数据的质量，保障财务工作能实时获取所需相关的业务信息，避免信息不对称。在传统的财务管理工作中，其中经营决策、预算管理、财务分析等工作都由工作人员手动完成，这样就会导致效率忽高忽低，需要引起企业管理人员的重视。财务管理信息体系调整完善后，企业还可以对财务和业务的各种相关的信息进行全方位多角度的分析和处理，通过更多先进的手段提高数据分析的精准度，有利于相关工作人员对自己的工作进行合理的分工。

## （五）财务人员学习业务，打造业财融合的团队

业财融合团队的财务工作人员不仅要提高自身的专业能力，更要了解业务流程，掌握更多的相关信息，这样才能更好地制定决策和规则，完善相关流程。企业应该打造业财融合的团队，使负责财务工作的人员和负责业务工作的人员多沟通，多交流，互相学习，财务人员可以参加业务活动，熟悉业务知识，这样更有利于财务信息的完整反馈和财务决策的制定。利用大数据及时分析问题，解决问题，预测企业的发展趋势，这样才能提高企业的实力，使企业越变越好。

## （六）构建大数据共享平台

构建大数据云平台，通过这种创新型的财务管理方式，提高效率，节约时间。这样一来，在日常工作中，工作人员可以把各种工作信息录入大数据平台中，各部门的财务状况可以及时反映到管理部门中，有利于工作人员对当前的财务状况进行快速、精准分析，从而做出财务决策。在构建共享平台的环节中，工作人员应该制订周密的计划，保证信息的安全，避免财务信息的泄露。还可以开发云端App 软件，对相应岗位的人设置不同的管理权限，分别管理，各司其职，这样有利于管理工作的顺利进行，对财务管理的效果提升有促进作用。

# 第四章　大数据时代的企业会计发展

本章为大数据时代的企业会计发展，共包括四节内容，分别是第一节大数据与企业会计发展、第二节大数据时代财务会计面临的现状、第三节大数据技术在管理会计中的运用、第四节大数据时代会计人才的培养。

## 第一节　大数据与企业会计发展

### 一、大数据时代会计发展的制约因素

#### （一）网络信息安全制约

大数据中非结构性数据比结构性数据还要多。以前的结构性数据往往是传统的会计信息的主要来源。非结构性数据的加入势必会让会计行业有一次变革。原因有以下几个方面：首先，非结构性数据越来越多地加入会计信息中，这表明大量的结构性数据和非结构性数据将会互相结合，共同通过分析用于反映企业的运营发展情况中。其次，大数据下的相关关系不同于传统的因果关系，能够更多地反映数据之间的关系。最后，传统会计追求的精准也会在这一过程中产生变革，因为在大数据时代下，信息的来源更多地集中在数据本身的使用性能上，所以传统的会计行业必须变革才能适应。

当前，纵观整个会计领域，越来越多的企业对信息化进行普及，然而会计人员的水平却在原地踏步，技术与人工严重不匹配。另外，由于资源共享平台是以互联网为基础的，这就不能保证它的绝对安全，目前最突出的问题就是安全隐患和信息泄露，因此，在具体运用大数据时需要慎重考虑信息的利用范围和法律保障等问题。

面对迅猛发展的信息时代，各个领域都与网络有着不可分割的关系，会计工作的一系列数据大多源自互联网，企业借助会计软件对诸多会计数据进行加工处理，最后生成财务报表，看起来非常便利，省时省力，但是，企业的所有数据都行经网络，信息安全令人担忧。如一些企业的机密数据，包括经营状况和资金使用等信息，当会计部门与其他部门的业务接触过密就容易暴露。另外，操作不当也会造成数据丢失，对于企业而言，这些就是难以挽回的损失。除此之外，大数据时代的信息化发展离不开软件的支撑，这些软件要求具备较强的兼容性，技术欠缺和维护不当也会加大数据丢失的风险，这是会计信息化安全的另一威胁。会计工作高度敏感和绝对机密的特点，使得会计信息在企业中处于核心地位，企业的发展需要建立在会计信息安全的前提下。目前，我国会计工作平台的登录方式和加密技术都比较滞后，企业不愿意投入资金去研发软件新的加密技术，软件问题的补救也缺乏针对性，这就造成软件的后期维护成本增加，信息安全漏洞百出。另外，企业的管理制度不健全，也增加了会计信息安全的风险，阻碍了会计信息化的革新。

### （二）行业理论研究制约

会计人员参与企业会计信息化建设需要处理诸多会计信息，为企业管理和预算决算做好充分准备，因此，在海量信息的处理上，会计人员既要积累丰富的专业知识，又要能对计算机软件进行熟练操作。由此可见，会计信息化的发展离不开会计人员与计算机的有效结合，会计人员对综合知识技能的掌握至关重要。目前，会计行业执业人员的素质相对较低，大部分会计人员进入工作岗位后现学专业知识，未曾接受过系统化培训，同时，计算机技能掌握甚少，这就直接影响了信息化的顺利推进，使得大数据时代的会计变革进展缓慢。因此，要重视会计信息化的理论研究，普及理论知识，将大数据时代下阻碍会计发展的因素快速扼杀，以充分发挥大数据在会计信息化发展中的作用。

### （三）数据信息利用制约

在大数据时代下，信息资源的有效利用可以为社会生活提供各种便利。例如，根据消费者偏好，能够获取企业的经营建议；根据顾客选择倾向，为制造商分析得出最优化的建议等。会计信息化可以汇总市场数据信息，为企业提供最有价值的决策建议。但就目前而言，大部分企业的会计工作领域较为狭窄，这就造成数据信息未能得到充分利用，取得的建议可以为企业经营提供助力，但也仅限于此，在运营方面未显示出明显的价值。

### （四）标准法律不够完善

大数据的有序运行离不开法律体系的保障，这一时代对运行环境的要求更高，我国目前关于网络安全的法律尚不健全，想要拥有一个安稳的会计信息市场，立法就显得尤为必要。法律制度的出台能够在一定程度上避免信息安全问题，如信息泄露问题、用户权益问题等。

### （五）中小企业会计管理

#### 1. 企业对大数据建设资金投入不足

对大数据技术的应用，将企业财务人员与智能机器的工作进行了重新分配，财务会计渐渐转为管理会计，其职能也不再局限于核算，而是向管理拓展深入。然而，对于当前绝大多数中小企业而言，其财务人员没能全面、深入地了解大数据技术的内涵与特点，没能真正形成大数据思维，在数据管理、数据需求方面缺乏正确思路，没能规划好企业整体信息化建设，存在"只有大型企业才需要掌握大数据技术"这种片面认知。他们没能认识到，大数据时代将渗透、裹挟所有企业与个人，使他们成为被分析、被记录的对象。同时，大部分中小企业管理者认为，如果对大数据技术进行应用，将在购置、维护专业设备，培养、引入数据管理人才等方面付出巨大成本，远远超过对财务人员进行聘用所花费的部分，所以，大部分中小企业都未曾对大数据技术进行更多投入，未曾真正重视大数据技术。

#### 2. 大数据面临重要技术难题

在中小企业的会计工作中，大数据技术可谓带来了极大的机遇，然而，在应用大数据技术方面，依旧有很多亟待解决的问题。例如，如何对信息技术等手段进行利用，对发票、订单、合同信息内容中的半结构化数据与非结构化数据进行处理，同时从这些随机的、复杂的数据中探索有关规律；如何对与本企业业务相适应的大数据方案进行确定，借助大数据分析，结合实践经验、业务知识进行管理决策；如何对企业大数据的信息安全予以保证，防止出现非法入侵企业数据管理系统的情况，避免泄露商业信息、技术秘密与个人隐私。想要广泛应用大数据技术，就要对上述问题进行突破与解决。

3. 财务大数据专业人才缺乏

想要将企业所拥有的数据资源变为能够看见的效益，需要借助计算机辅助设备的力量；而想要对数据安全、数据分析工具等方面的问题进行解决，需要借助大数据专业人才的力量。企业所需求的财务大数据人才属于跨领域的复合型人才，这意味着他们不仅要有丰富的会计专业知识，还要能对与大数据技术相关的多方面知识进行综合运用。当前，尽管各大高校都先后对大数据与会计、数据科学与大数据技术等交叉融合的专业进行开设，日益重视数据智能化的科学应用，然而，立足财税领域来看，高层次的大数据核心人才仍十分匮乏，这种情况在中小型企业和二、三线城市中表现得格外严峻。

### （六）数据资产的会计确认与计量

1. 数据资产的初始确认不定

数据资产没有明确的会计科目，这是数据资产确认存在的显著问题。想要设计会计科目，需要对具体对象进行选定，同时从现有的经济管理规则出发，保证预先规定的核算规则能令相关核算操作顺利完成。对于公司的账务处理而言，会计科目可谓是重要内容，同时，对于会计账户来说，它也是必备要素，是会计核算工作得以顺利完成的关键。所以，如果企业想要对数据资产进行会计确认、计量，想要将其价值更好地体现出来，就对具体的会计科目存在相应设定需求。如果设定好了数据资产相关会计科目，就能完成具有其相应特征的经济业务的核算工作，继而对数据资产的利用效率进行提升，让相关会计核算流程得到进一步规范。

2. 数据资产的再确认界定不明

数据资产属于无形资产，是其中一种特殊类别。基于此，数据资产也会遭遇无形资产后续确认中产生的费用化、资本化等问题。费用化支出有别于资本化支出。企业在开展生产经营活动的过程中，会对资产的消耗进行追踪，同时对消耗进行进一步细化，划分为费用化支出与资本化支出，而"消耗的去处"则是划分标准。假如企业付出某部分消耗，对新的资产进行换取，那么这部分消耗则属于资本化支出；假如企业付出某部分消耗，主要是投入企业经营之中，那么这部分消耗就属于费用化支出，我们要对它们的界限加以区分与明晰。一旦我们混淆了费用化支出与资本化支出，未能对它们的关系进行正确处理，就会造成二者之间无边界的问题，将难以充分体现企业资产价值，最终对企业成本的计量造成影响，导致失真问题产生。

3. 数据资产的确认条件不统一

在进行会计确认与入表时，假如缺乏确认条件，就无法明确究竟何种数据资源能按照数据资产登记，无法完成会计意义上的确认，自然也就无法开展后续的计量工作。我们都知道，无形资产的确认条件主要为其定义，以及除此之外的其他确认条件，依照这些原则，我们方能对无形资产进行更好的区分与确定，为之后的工作奠定基础。然而，在目前的研究中，并未对数据资产的相关确认原则予以明确，也未能完善相关理论。

4. 数据资产的初始计量

（1）数据资产计量属性存在不明确的选用

通常来说，我们会在会计科目中登记数据资产计量属性，同时在企业财务报表中对数据资产计量属性加以报告，以对其实际数量金额进行确定。数据资产的计量不宜依靠现值属性与重置资本。历史成本指的是制造某种财富，或者完成某项生产活动时，需要实际支付的现金、成本，是取得时的实际成本；可变现净值是预期售价对加工成本进行扣除后所得到的净值。数据资产究竟适用于上述何种计量属性，有待进一步选择与明确。

（2）数据资产初始确认金额没有明确的确定标准

所谓资产的初始确认金额，其实就是资产得以入账的依据，因此，后续会计处理必须建立在确认工作完成的基础之上。由于数据资产具有特殊性，同时对无形资产的初始确认方法进行参考，本书认为，我们应当以自制与外购为切入点，对数据资产的初始确认金额进行较为准确的确定，将良好的基础提供给后续再确认与计量工作。然而，由于数据资产具有特殊性，我们也要对数据资产初始确认金额的确定的特殊性予以考虑。当前，如何对不同来源的数据资产初始确认金额进行更加准确的衡量，仍然有待进一步研究。

5. 数据资产的后续计量

（1）使用寿命难以确定

前文中已经提到，数据资产是一种特殊的无形资产，因而也同无形资产一样，难以确定自身的使用寿命。一般来说，企业合法获得的无形资产的使用寿命不能超过企业规定的实际期限；法律未详细规定无形资产的使用寿命时，企业需要依照恰当的因素对判断的依据进行综合考虑；如果不能对上述方法进行采用，则可以认为该无形资产有着不确定的使用寿命。所以，想要确定数据资产的使用寿命，就要从数据资产自身的特点出发，对无形资产的相关处理方法进行参考与借鉴。

（2）摊销方法不明确

对摊销方法进行选择时，企业应当从自身的经济需要出发，结合最大的预期效益，对具体的消耗方式进行确定，统一适用于不同的会计期间。加速折旧法与直线法是无形资产的两种主要摊销方法。所谓加速折旧法，是指在无形资产使用初期进行多计、使用后期进行少计的摊销方法；所谓直线法，是指在各会计期间对无形资产的摊销额进行平均分配的摊销方法。数据资产要在加速折旧法、直线法等摊销方法中进行选择，选出与自身最相适应的，对相应的后续计算予以完善。

（3）数据资产的经济价值易波动

很多要素都极易影响数据资产的经济价值。相比其他无形资产，大环境与应用场景更容易影响数据资产，使之产生波动。为了对无形资产价值的变化进行更好的衡量，我国会计准则与相关制度对企业提出要求，企业需要对相应的监督管理条例进行制定，定期复核财务报表的账面价值。一旦账面价值比可回收金额要高，就需要根据差额计提无形资产减值准备。但是，能否适用于数据资产的后续计量，以更好地对数据资产的经济价值进行核算，有待进一步研究。

## 二、大数据时代企业会计的角色重新定位

### （一）从传统的做账会计转变为数据分析会计

传统会计的工作内容相对简单，只需要对企业的财务数据内容进行整合、计算、做账和管理即可，并且形成最终财务报表为企业提供经济信息。这样的工作流程相对来说比较单一，虽然能够准确反映企业的财务数据变化特点，但是依然

非常片面，无法让企业根据财务数据做出更深层次的决定。而随着大数据技术的发展和应用，企业财务管理工作不仅需要对数据进行计算和整理，更需要具备对更深层数据挖掘和分析的能力，这也是企业会计工作在大数据时代必须注重的方面。大数据时代的企业财务会计必须要有更加敏锐的数据嗅觉和更强的数据分析能力，确保能够在第一时间发现企业财务工作过程中所产生的数据并且进行深度分析，同时利用财务数据为企业的发展决策出谋划策。

### （二）财务会计向管理会计转型

由于大数据时代能够让会计部门获取更多数据，所以会计的职能除要对数据进行分析外，会计工作人员还能掌握第一手的企业发展经济信息，这就要求会计工作也要投入企业的管理工作中，而管理会计的应用也成为促进企业经济发展决策制定的关键。管理会计对企业的发展至关重要，会计的核心职责包括对企业财务和经济状况的观察监督、反映分析以及对经营目标的制定和战略的决策。

1. 财务会计与管理会计的职能介绍

财务会计，简单来说，就是财务会计人员遵循国家相关法律法规和会计准则，根据企业实际规定对企业实际运行资金和使用资金进行计算和监督，为企业管理者、投资者、相关政府部门提供财务数据信息，是企业财务管理的重要组成部分。管理会计是在财务会计的基础上，发挥自身的主观能动性，灵活应用各种创新性手段，对企业内部进行财务管理。主要方法为分析和整理财务会计提供的数据信息，依据企业的实际发展情况设置一系列指标体系，及时修正经济活动执行期间出现的各种偏差，确保各项活动不脱离计划。同时还要对掌握的资料进行定量分析，为管理部门掌握企业实际情况提供支持，为企业战略发展做出预测和决策，是财务会计的拓展和延伸。

2. 财务会计与管理会计的关系

财务会计与管理会计都是企业会计的分支，进行分析研究后发现，两者既相互联系，又有一定的差异。从联系方面看，两者都以增强企业利润空间，提升企业经济效益为目标，都对企业的各项经济活动、业务活动进行记录、计算、分析和评价，都需要监督和管控企业的资金流动；工作开展的基础都是企业生产经营和业务活动开展产生的原始数据信息；在核算内容上存在一定的交叉融合，都将企业现阶段及未来发展的资金运动作为核算对象。例如，在成本核算时，财务会计主要计算企业现阶段的损失和经济效益，管理会计主要根据财务会计提供的数据对业务活动进行成本管控。从差异方面看，财务会计主要针对企业财务状况和生产经营效益监督管理，侧重对外信息监督和管控；管理会计要对财务及非财务数据信息进行统一分析，监督和评价企业现阶段的生产经营效率和质量，为企业决策提供支持，侧重企业内部管理。在开展工作时，财务会计需要遵循标准化的格式和要求，有固定的工作流程、标准化的报告格式和报告周期，不能随意更改；管理会计更加灵活，可以根据实际发展情况选择多样化的工作模式，可以使用经济学、数学、信息技术等领域知识，可随时进行动态调整。

3. 大数据下财务会计向管理会计转型的内涵

（1）会计职能发生重要改变

在大数据时代背景下，企业开始建立云财务信息管理系统、智能化管理系统，实现财务信息共享，并通过预算管理系统、资金管理系统、财务运营系统、税务管理系统等开展流程作业，以便对经营活动和业务活动做出统一、快速、集中的处理。传统财务会计单一、重复性、格式化的日常业务逐渐被信息技术取代，进行智能审核、报账、制账等。倘若财务会计人员不积极改进原有的工作模式，积极参与企业经营管理，将财务管理贯穿企业事前预测、事中控制和事后评价中，势必被快速取代。在这一趋势下，进行管理会计转型是必然趋势，财务人员在智能财务信息处理基础上，利用其他专业领域工具和方法为业务活动提供支持，将财务活动由末端核算转移至业务前端，助力业务优化、目标调整、战略部署完善等工作，提升企业的核心竞争力。

（2）企业持续发展核心需求

传统财务会计工作以人工为主，耗时长，错误概率大，一旦某一环节出现问题，往往会给企业造成巨大损失，这是企业在风云变幻的市场竞争环境下难以承受的失误。在大数据时代下，这种模式逐渐被人工智能取代，数据处理效率、工作准确度显著提升，财务核算风险大幅降低。面对该情况，实现财务会计向管理会计的转型，是企业发展的核心需求，也是必然趋势。企业管理者要利用好管理会计在价值创造和维护方面的重要作用，利用好大数据分析和处理功能，为企业分析日益复杂的经济情况，提升企业的核心竞争力，提高企业的经济效益做出贡献。

4. 财务会计向管理会计转型的必要性

（1）企业不断向前发展的需求

一般而言，财务核算仅能反映公司资本使用状况，而在实际工作中，受诸多因素的制约。管理会计既能了解企业的资金使用状况，又能进行投资预算，制定出一套合理的资金使用方案，从而增加企业的经济效益。相对财务会计而言，管理会计的工作领域更为宽泛，同时，也可以相应地提高公司的经济效益。因此，企业要想获得良好的发展，必须将财务会计转变为管理会计。

（2）适应大数据处理环境

随着大数据时代的到来，从表面上看，企业在发展的过程中要处理各种数据，而且数据的总量很大，但是在实际操作中，财务会计的数据处理能力很差，很难适应业务的需要。但管理会计则可以根据工作需要，准确地对各种数据进行分类，然后根据自己的工作需要制订出一种合理的使用计划，这样才能在激烈的市场竞争中脱颖而出。

（3）计算机技术的快速发展

近年来，我国的计算机技术发展迅速，在各个领域中都得到了广泛的应用，为会计工作的顺利进行提供了有力的支撑。利用计算机技术实现了对企业内部各种会计信息的处理，既能极大地提高工作效率，又能降低工作任务。企业会计人员能够运用各类电子终端进行会计工作，这就意味着要对传统的会计工作进行重新定位，使财务会计向管理会计方向转型。

（4）互联网技术的驱动

随着网络技术、大数据等技术的普及，人们的生产、生活方式发生了翻天覆地的变化，人们的生活更加便利，生活品质也得到了提高。当然，科技手段也在不断地渗透到企业的财务管理中，网络技术的普及和应用使公司的财务信息处理能力得到了进一步的提高。为保证财务数据的质量，财务会计人员必须转变思维模式，并向管理模式倾斜，以适应网络技术时代发展的需要。

5. 当前企业财务会计工作面临的困境

（1）财务会计工作理念过于传统

企业传统的财务会计工作主要为末端核算，与行政职能部门的工作同属一类，无法为企业直接创造经济效益，一直得不到重视，无法参与企业的业务活动、决策管理，没有真正发挥财务管理效能。在大数据背景下，企业纷纷转型升级，加强内控管理，建设财务智能化、信息化系统，开发财务预算、资金管理、绩效考核等功能，财务管理模式也由财务会计转向管理会计。但是，仍有部分企业管理者没有认识到财务会计与管理会计的差异，缺乏向管理会计转型的意识，部分财务会计人员也停留在传统被动核算模式内，不愿意花费时间学习各种先进的财务软件操作技巧和管理会计知识，无法高效使用智能财务系统，导致企业的市场竞争力不足。

（2）管理制度无法适应企业变化

财务会计的主要工作内容是处理和计算在企业生产经营中产生的各种财务数据，并进行监督管控。但是，在实际工作开展中，由于财务会计工作缺乏完善的管理制度，财务会计工作精细化处理不到位，监督职能无法有效发挥。一方面，部门企业财务管理制度不健全。尤其在新兴技术和财务管理理念实践期间，部分企业管理者和财务管理人员对这些新技术不了解，无法将财务信息和业务信息有机融合，仍然遵循以往的财务会计管理模式进行量化考核，企业财务部门组织框架和制度无法适应现代化的企业发展需求，出现越来越多的矛盾冲突。另一方面，财务会计监督作用无法体现。财务会计反映的内容以企业经营状况为主，只负责财务数据信息的计算和监督。监督工作也多为事后监督，没有真正融入企业其他业务活动中，无法充分发挥其事前预测作用，财务工作较为滞后，必须结合企业实际发展，建立相关的监督管理制度，加快业财融合进程。

（3）财务会计人员无法适应职能转变

在现阶段，我国企业应用高新技术已经成为常态，在带来便利的同时，也为企业财务会计管理带来了挑战。最主要的挑战体现在财务会计人员职能转变上，财务会计工作由简单核算工作，转变为规划、分析、决策等工作，开始融入企业的业务活动、资金运转、战略发展等工作领域。而这需要财务会计人员具备充足的信息技术能力，能够熟练利用大数据分析与处理技术、专业化财务管理软件等进行数据处理和分析，深入挖掘海量的数据价值，以确定各个数据之间的内在联系，从中筛选、提炼出具有高数据资源价值的信息，为企业发展提供支持。然而，目前我国财务会计人才储备较少，现有从业人士的相关信息技术能力和数据敏感性等略显不足；还有部分财务会计人员无法适应这一工作职能转变，无法将财务信息和业务信息有机融合。在工作中经常出现数据失真、缺损等情况，大大降低了企业内部的财务管理水平和质量，不利于企业的长远发展。

6. 大数据下财务会计向管理会计转型的策略

（1）树立现代化管理会计理念

在企业财务管理工作中，作为企业管理者：首先，要准确把握大数据背景下，财务管理会计工作呈现的特点和不足，充分发挥管理会计的优势，在企业内部组织开展各种宣传活动，教育和培训工作人员；其次，科学引领企业内部不同岗位人员树立现代化管理会计理念，尤其是财务管理工作人员，使他们深刻认识到大数据背景下财务会计与管理会计的异同点，正确认识财务会计向管理会计转型的必要性，提升对管理会计的重视程度，为管理会计职能最大化发挥营造良好的企业环境；最后，管理人员、决策人员和财务人员要积极构建管理会计思维，增强现代化管理会计价值观和意识，通过每月举办一次转型/融合培训，确保财务人员能够在大数据背景下做好资金管理、财务记账和支付、税务筹划等方面的工作，从而产生深刻理解，贯穿企业各个层面，从而提升企业财务管理工作的整体层次。

（2）建立基于大数据财务系统的管理会计制度

企业财务会计向管理会计转型的核心是大数据财务系统的应用。企业要合理应用大数据技术，围绕管理会计思维，针对企业内部资金流动、财务会计报表等问题，利用数据分析和挖掘技术详细分析这些问题，提出针对性解决方案。对此，企业需要基于大数据财务系统建立管理会计转型制度，增加规范化监督和考评等制度，为财务会计向管理会计转型提供制度保障。具体可以从以下两个方面展开。

一方面，建立健全信息共享机制。在实际工作中，财务会计和管理会计既相互联系又相互区别，导致两者在处理数据信息上存在效率、质量等方面的差异，增加企业投资成本。财务部门工作的开展涉及领域较为广泛，需要与多个部门进行沟通联系，倘若沟通不畅，会引发各种矛盾冲突，阻碍企业发展。对此，企业内部可以建立财务共享服务中心和部门信息共享机制，以大数据子系统为业务核心，改进管理会计业务电算化管理系统、ERP（企业资源计划）系统等，将财务会计与管理会计有效区分；建立财务资源分享中心，避免各部门各自为政，为信息沟通和共享、资源合理配置等提供支持；定期组织开展跨部门会议，就企业资金运转、业务开展等展开沟通，以便充分掌握企业实际运营情况，为企业财务工作开展奠定良好基础。

另一方面，建立业财融合体系。为加快向管理会计转型，企业应当依据内部实际发展，以业务需求和经济活动为着眼点，将管理会计转型制度为导向，进一步统筹企业内部权责，塑造良好的经济环境。同时，建立完善的监管制度，设置独立的监管部门，对管理会计工作进行监督，提升财务工作效率；健全激励机制，如精神激励、物质激励，对主动学习，能快速熟练掌握计算机技术，利用计算机有效处理和分析数据信息的员工，给予相应的奖金、休假等奖励，并在企业内部进行宣传，激发员工的工作积极性和岗位职责感，为企业财务会计向管理会计转型打下坚实基础。

（3）积极开展管理会计人才培养和储备工作

在大数据时代背景下，企业财务会计向管理会计的转型需要借助大量优秀、高素质财务人才的力量，使财务工作摆脱原有单一模式，发挥管理会计的最大效能。为实现这一目标。企业需要积极开展管理会计人才培养和储备工作，具体可从以下几点开展。

①企业要优化财务会计工作人员准入门槛，聘请专业知识夯实、业务经验丰富、专业素养强的会计人才。如具备 MAPA 等相关从业资格证，向企业内注入源源不断的新鲜血液，逐渐扩大企业财务人才队伍和人才储备。

②将财务数据应用能力纳入企业绩效考核，将考核结果与员工晋升、薪酬等挂钩，采用经济效益＋业务活动综合评价方式，科学制定绩效考核标准，如资源配置、风险管控、业绩衡量等。对各岗位的财务工作人员进行绩效考核，加快财务工作流程、内容和方法等深化改革力度，提升财务人员的综合能力和业务素养，更好地引导财务会计向管理会计转型。

③组织开展各种培训活动，企业基于财务大数据技术特征和岗位综合财务素养，制定短期、中期、长期人才培训计划和方案，不断提升财务会计人员的知识储备水平和专业技能。例如，在大数据财务系统平台引领下，对不同岗位的管理财务人员进行在线培训，要求他们掌握大数据背景下的管理会计理论知识、法律法规、信息管理技术等基础理论知识；借助线上线下集中培训、一对一指导，提升财务人员的财务数据处理能力、组织协调服务能力、信息化技术应用能力等，

不断深化企业财务会计人才队伍和人才储备建设。在发挥人才优势的同时，推进财务会计向管理会计转型，发挥管理会计作用，提高财务管理层次。

（4）财务部门的工作内容需转变

在大数据时代，从财务会计到管理会计的转型都要经历一段时间，甚至可以说是一种过渡性的转型。与过去相比，财务部的工作内容有了很大的变化，从原来的会计向信息化会计的转变，财政工作的内容也随之被提上了议事日程。管理会计必须抛弃传统的会计信息核算方式，把财务工作作为一个综合性的、系统性的工程来对待。财务信息处理工作从单一到多样化是必然趋势，必须把财务信息的收集、加工、处理、分析和管理有机结合起来，使财务工作朝着专业化、现代化、系统化方向发展。

（5）对企业内部的财务管理观念进行创新

事实上，在企业中还有一小部分的管理人员缺乏对财务管理的认识，认为财务管理就是记账和纳税申报，因此并没有让他们参与到管理决策中。但这种思维方式太过陈旧，会让财务人员失去工作的热情，从而影响财务管理的真正作用。针对上述问题，我们要解决的问题就是要摒弃一些传统的管理理念，加速从财务会计转变为管理会计，保证财务人员能够正确地收集、处理、加工、分析、管理，正确识别各种数据中的潜在风险和机会，真正规避财务风险，实现企业经济效益的提升。

（6）将数据运用到绩效考核中

在大数据环境下进行转型，各有关部门要合理地建立相应的指标体系，以便在进行财务评估时对数据进行精确的分析，并以此来激励员工的工作积极性；同时，合理地利用评估业务来达到企业发展的目的，从而有效地促进企业的经营管理，从而提高企业的经济效益。所以，在企业发展的进程中，必须对财务部门进行财务管理，合理地影响财务人员的管理水平，建立相应的会计准则。另外，在大数据环境下，各有关机构应当合理地进行信息交流，从而使财务会计向管理会计转变得更加顺畅，从而使企业的整体素质得到进一步的提升，进而推动企业的健康发展。

（7）不断加强财务信息化建设要求

在大数据时代，企业的发展要求信息技术的合理运作，从而更好地发挥其应有的功能。为了有效地推进转型，利用现代信息技术，可以保证数据的真实性和准确性，适当地加强财政信息化，增加财政支持，并保证各部门之间有对应的关系。根据企业的实际情况，适时地为企业提供高素质的信息技术人员。另外，各有关部门的主管也要改善自己的行为思路，从而有效地提高自己的专业素质，并能依据单位的发展需求掌握相应的信息化知识，以保证自己的工作效率。

（8）转变财务部门的整体工作内容

在大数据时代，企业财务会计到管理会计的转型是一个漫长的过程，要求财务人员在充分掌握财务信息的同时，抛弃传统的数据处理方式，运用大数据技术对各种财务数据进行处理。传统的财务工作内容是财务人员对各种财务报表进行重复的核算，这样的工作方式不能对财务进行及时、高效的分析，导致财务工作的效率低下。

## 第二节　大数据时代财务会计面临的现状

### 一、大数据环境下对企业财务会计的影响

在大数据环境背景下，企业的财务会计人员需要充分认识、了解大数据技术，结合企业自身的财务会计需要，不断优化大数据功能，借助大数据开展高质量的财务会计管理工作，为企业创造出更多的经济价值，在创造经济效益的同时，强化社会效益。大数据浪潮的到来，让信息数据资源得以进入了全新的发展时代，企业财务会计作为一个和数据、信息联系密切的岗位也受到不小的影响，具体表现为以下几个方面。

一是在大数据飞速发展过程中，云计算、智能化等工作也得到了落实，借助企业信息化管理工作的"顺风车"，财务管理工作也得到了全面的改革，事前预算分析工作可以更好地落实，财务风险进一步降低，财务管理工作的精确性得到了根本性的提高。不仅如此，大数据技术的出现让企业财务处理能力随之增强，企业财务会计人员可以从更多层面分析明确财务数据变化，为企业领导提供更加完善、系统的决策参考数据。这种综合性、集成化的管理模式也对财务会计人员的专业能力提出了较高的要求，相应地，财务会计人员不仅要强化自身的信息化

意识，还要拓展自身的知识广度和财务会计视野，从而对企业的财务会计信息实现全方位的分析处理。

二是从财务会计处理流程来看，传统财务会计工作效率较低、工作量较大，财务会计人员面对海量的数据极容易出现错误，需要多次的计算、调整。但在大数据技术的辅助下，企业信息共享能力得到提高，内部信息数据实现精准度较高的存储和传递，电算化、信息化等技术的投入，使财务会计人员的工作压力大大降低，财务处理工作流程简化，工作效率提高，计算准确性也得到了保障。在财务会计流程创新的同时，也要对财务会计信息处理手段进行创新优化，在大数据时代，信息平台成了财务会计工作开展的重要载体，伴随着智能化财务信息处理工作，复式记账原理也应得到落实，让企业的财务会计工作得到全面落实。

三是财务会计工作不仅是帮助企业明确自身的发展方向，也是在帮助企业更好地找到未来的发展方向，但在过往的财务会计处理工作中，信息传递存在滞后性，很难进行系统的分析。在新常态背景下，每一个企业都面临着转型发展的考验，财务会计工作人员的价值和重要性也逐渐凸显出来，在大数据技术的辅助下，财务会计人员能够对信息展开全面分析，信息配置得到优化，企业管理人员能够从数据中找到下一阶段的发展方式，这意味着企业要加强对财务会计人员的专业能力、职业素养的培养。最为关键的是，传统的企业财务会计涵盖了诸多不同的环节，岗位设置较多，在大数据时代，要对岗位工作人员进行全面的优化，使企业内部的财务会计工作得到转型发展。

## 二、大数据时代财务会计面临的机遇和挑战

### （一）大数据时代财务会计面临的机遇

1. 提升财务信息的整体性

在大数据的信息环境下，能够把所有管理活动和业务经营过程及结果数据化，促进数据的互通共享，消除相关部门和层级间的沟通问题，有利于业务对接。财务会计不再是简单操作，而是把财务管理和其他内容进行结合，主要涉及业务运营、预算体系及成本控制等。财务分析及决策需要信息提供支撑，不仅需要业务计量获得的基础财务会计信息，还需要企业发展、上游供应商运营、资本市场运

作、客户需求结构、其他业务的信息等。在大数据时代背景下，可以解决信息孤岛问题，促进业务和财务的融合，且信息获取的效率提升、针对性较强、成本较低。因此，促进企业信息一体化，提升财务信息的整体性，消除以往的财务信息界限，是当前财务会计变革的要求。

2. 提升公允价值计量的准确性

过去数据记录仪及储存技术不高，加上信息储存设备内存方面的限制，无法对大量数据进行储存及有效分析。当前计量公允价值时通常会运用抽样的方式，推测总体特征，但是无法确保精准性，误差主要体现在代表性及系统性误差上，前者是抽样随机导致的偶然误差，后者是人为因素影响随机原则而产生的误差。当前数据信息技术得到快速发展，大量平台及云端技术的运用，使数据信息量不断增加，数据容量日益提高。大量数据的产生打破了过去数据量较少的问题，类群分析取代了抽样分析法，代表数据储存及处理功能得到显著提升。这一变化能解决公允价值计量中由于人为因素造成的系统性误差问题，还能在样本数据扩充时，尽可能减少因为随机性导致的代表性误差，确保计量的精准性。在大数据时代背景下，数据能够实现高效地上传及共享，有利于确保计量工作的时效性。

另外，基于大数据的运用，还对信息反馈机制进行了优化，当前数据分析也做出了改变，更侧重相关性。由此产生的具有相关性的数据分析取代了以往的因果分析，在健全的信息收集及存储机制背景下，提升数据分析的高效性。这种分析方法能够减少误差，确保得到的计量信息和生产工具的价值相符，最大限度地减少误差。可见，大数据技术的有效应用消除了企业内部部门之间的信息界限，还促进了信息交流。基于共享能够提升公允价值信息反馈效果。

3. 提升绩效评估体系的合理性

以往绩效评估主要是对职工的工作业务基础指标实施量化，使人力资源部门无法兼顾职工薪资待遇和基础绩效信息，财务会计记录职工薪资水平时可能产生偏差问题，不利于财务报表基础信息的公允性，同时无法确保综合绩效评估考核的合理性。而大数据技术的运用可以提升资源配置的高效性、优化激励约束的效果、保证管理决策的科学性及准确性。对职工绩效实施日常监督以及动态管理，部门有关决策人员前期基于收集和整理有关数据，能够分析职工绩效数据和企业其他方面盈利数据之间的关系，进而把握职工绩效对企业绩效的影响，合理地完善绩效评估方式，应用有效的监管措施提升生产经营的动力。

4. 提升资源管理系统的集约性

当前数据获取更加便捷，企业财务管理的范围日益扩大，资金管理系统得到了进一步的创新，其中"大司库"项目受到了广泛关注。该项目基于现金池统一和集中结算，统筹管理企业资金，防范风险，提升了资金管理的效率。

数据资源不断增加以及获取成本的降低，有利于财资信息系统的集约化发展，可以促进资源融通联动，构建财务信息共享格局。和过去的"一站式"管理相比，依靠财务部门或是聘请财务公司给集团企业建立金融资源管理运营平台，可以优化资金管理系统服务的效果，加强内部管理控制，改善产业链金融生态环境，提高企业的经济实力。另外，该模式也给财务公司带来了机遇。

**（二）大数据时代财务会计面临的挑战**

1. 技术挑战

大数据时代对财务会计的专业性提出了更高的要求。财务会计除了需要具备专业的知识，还要有较强的大数据分析能力，可以在工作中有效地运用大数据技术，充分发挥出财务数据的价值，给企业提供可靠的信息。在大数据时代背景下，企业需要构建数据信息平台，利用先进的信息技术对相关数据信息实施整合及分析，这需要专业人员以及管理层的支持。此外，还要收集数据信息，做好存储工作。以往的存储方式已经无法满足当前企业发展的要求，这就需要对存储方式进行升级，保证有足够的存储空间存储大量的数据信息，为后续分析奠定良好的基础。

2. 财务人员重视程度不够

大数据技术的应用，能够为财务工作提供便利，提高工作效率。然而一些财务工作人员对大数据技术缺乏正确、全面的认知，并未意识到大数据和财务工作之间的联系，忽视了大数据对财务数据的重要性，并未充分发挥出大数据的作用。

3. 高水平的财务会计人员较少

大数据时代对财务会计人员提出了更严格的要求。财务会计人员除了要掌握专业知识，还要熟练操作计算机，但是这样的复合型人才较少。当前财务会计人员需要运用大数据有关的技术和分析工具，从巨量信息中提取出有用的信息，为企业有关决策提供依据，给战略发展提供数据。然而实际情况是，财务会计人员一般只负责会计核算，综合素质较强的财务会计人员较为匮乏。

## 三、大数据时代财务会计的应对策略

### （一）从组织层面进行战略部署

在大数据环境下，企业应当对财务会计工作加强创新。从组织层面来看，应当针对大数据环境制订出行之有效的方案来对财务会计进行变革，以此确保在大数据环境下企业财务会计工作可以稳定开展。企业管理人员应当以财务工作的变革来迎接大数据时代的到来，对大数据相关技术以及应用方向做出调研，并且以会议的形式确定大数据技术的应用范围，从而达到利用大数据为企业服务的目的。在企业财务方面，管理人员应当以大数据时代的特点为基础，制定指导方针，再由财务部门负责人对指导方针进行精确细化，以此最大化发挥出指导方针的作用。为使战略部署可以得到高效率实施，企业管理者可以在企业中建立监督机制，对战略部署实施情况进行监督，以此保障战略部署的应用效果。为使企业财务工作可以在大数据背景下获得良好的发展，应当在企业所处行业内部建立云共享平台，将可以公开的财务数据上传至互联网中，利用云计算技术进行处理，利用数据库相关技术储存相关财务数据，这样一来，不但可以保障财务数据的安全，还可以在一定程度上减少财务会计工作人员的劳动量。

### （二）建立财务会计信息管理系统

企业管理人员应当认识到大数据技术、云计算技术和信息化技术对企业发展带来的效益，转变自身的管理理念，加强对信息化技术的应用，建立财务会计信息管理系统。在建立财务会计信息管理系统前，应当先做好建立系统的成本核算工作，在经济状况允许的情况下加大财务会计信息管理系统的投入力度，并且建立和企业财务会计信息管理系统相匹配的终端处理平台。在企业财务信息的收集方面，不但需要互联网以及计算机的支持，还要有专门收集企业财务信息的系统软件，以此保证企业财务会计信息的收集、分析工作顺利开展。如果企业受到经济或者技术方面的限制，管理人员可以将财务会计信息管理系统的建设外包，不但可以降低企业在此方面的投入，还对第三方核算平台的发展起到促进作用。就以某企业利用大数据技术建立的财务会计信息管理系统为例，该系统分为三部分：一是专门收集财务数据的系统软件；二是大数据库；三是各类分析工具，如多维报表工具、多维分析工具，最后形成具有参考意义的会计决策信息。该系统的运转流程为：首先，由收集财务数据的系统软件对企业经营活动所产生的财务数据进行收集；其次，利用大数据技术、云计算技术等进行抽取、转换、处理以及融合后存储在大数据库中；再次，利用大数据挖掘工具将大数据库中所存储的财务信息数据提取到多维报表工具和多维分析工具中；最后，经过工具的分析形成财务报告，企业管理人员再根据报告中所显示的企业财务情况进行决策。

### （三）完善安全防范措施

在大数据环境中，企业财务所应用的软件种类十分繁杂，所利用的技术也多种多样。在此种条件下，财务信息的收集、分析和处理工作越来越便利，企业财务人员也可以利用互联网开展工作，在大量网络数据中提取出具有价值的相关资源，这便为企业财务会计工作的开展打下了良好的基础。但任何事物都存在两面性，在企业财务会计享受大数据环境所带来便利的同时，也面临着互联网中存在的信息安全风险。所以，在大数据环境中，企业财务人员还应当着重关注财务信息的安全性，管理人员应当根据企业财务工作实际情况制定完善的安全防范措施。另外，如果企业财务人员不具备一定的信息安全意识，在日常财务会计工作中很容易发生信息泄露或者财务信息管理系统被病毒入侵等现象，这不但影响企业财务人员的正常工作，甚至还会给企业造成较为严重的经济损失。从此角度来看，加强此方面的安全防范力度是十分必要的。对于管理者来说，应当根据企业财务工作流程以及财务特点，完善信息安全防范措施，并对财务信息管理系统进行优化和改进，如将系统连接至公司内网，并且建立身份权限机制并设置密码，只有在密码正确并且身份对应的情况下才能读取系统中存储的财务信息。还可以在系统中设置防火墙，也可以利用加密技术，如对称加密技术、非对称加密技术，以此来增强财务信息管理系统的安全性，减少出现信息泄露的概率。对于财务工作人员来说，不断进行学习，提升自身的信息处理能力以及数据分析能力，学习各类信息设备的操作能力，从而为自身的职业发展打下良好基础。除此之外，财务工作人员还应当加强自身的信息安全意识，充分意识到企业中财务信息的重要性，在工作中尽可能做到仔细，并根据管理人员所制定的规章制度和指导方针开展财务工作。

为最大限度地提高大数据环境中企业财务信息的安全程度，管理人员还应当和财务工作人员签订数据保密协议，在财务工作人员离职后对财务信息管理系统中的密码、身份权限等及时删除，以此确保企业财务信息的安全。

### （四）优化管理模式

在大数据时代的背景下，企业中的数据逐渐走向透明化和共享化，这便给企业内控工作增加了难度。由于传统财务管理工作模式是以传统经济理论为基础形成的，就目前来看，其工作效率较低，时效性不足，并不适合大数据时代的要求，所以，企业管理人员应当基于当前大数据环境，优化当前财务管理模式。管理人员可以从下述几个方面入手。

首先，企业管理人员应当对财务管理环境进行营造，将信息技术和自身企业的实际发展情况进行结合，建立起完善的财务信息数据库，并以此为基础对企业的财务管理模式进行完善和优化。

其次，对企业财务管理方法进行创新，对企业中存在的信息系统进行统筹规划。例如，企业财务中的风险决策系统以及财务预警系统，可以将两者并行设置，当风险决策系统发现某项目中存在风险较高的问题时，可以直接和财务预警系统进行联动，快速通知相应的管理人员，及时找出项目中存在的问题或不足，并有针对性地对项目进行完善和优化。另外，企业财务信息管理系统中通常会存储一些较为重要的数据，如企业自身的资产盈利率或者保值率等，管理人员可以将重要指标融入数据评估系统中，利用此系统对重要指标进行存储和分析，以此来创新企业中的财务管理模式。

最后，企业管理人员可以引进先进的财务管理模式，如财务流程再造或者柔性管理法等，以此种方式提高大数据环境下财务管理的应用效率。

### （五）提升企业信息化水平

财务会计工作从原本的手工记账发展到会计电算化，再到目前将大数据技术应用其中，在此发展历程中，从未离开过信息技术。所以，为了能在大数据背景下更好地开展财务工作，企业应当加强自身的信息化建设，提高自身的信息化程度，为企业财务会计工作提供便利。大数据相关技术的应用，已经使得财务信息的精确性以及时效性大大提高，但其中还存在一些问题，如信息"孤岛"现象和硬件设备故障等。管理人员应当加大在信息化建设方面投入的资源，具体实践中可以从下述几个方面入手。

首先，企业要加强在计算机基础方面的投入，加强硬件设施和软件优化方面的投入。在大数据背景下，计算机硬件和系统软件的更新频率较高，如果企业不能对硬件及时进行更新，对软件进行及时优化，很容易使得财务信息管理系统产生运行缓慢或者产生漏洞，不但会影响财务工作人员的工作效率，还可能会给企业带来经济方面的损失。

其次，要加强企业内部的信息技术研发力度，做好企业内部的 IT 建设。虽然企业可以将一些较为复杂的信息化建设工作进行外包，但外包公司并不了解企业自身内部财务工作流程以及实际财务状况，很难精准满足企业的真实需求，而且由于财务方面的数据信息较为敏感且重要，当财务信息管理系统运行发生故障进行维修或者优化时，很容易发生信息泄露。所以，从此角度来看，加强企业内部的 IT 建设是十分必要的，只有企业内部信息化水平持续提升，才能在大数据环境下保障企业财务信息的安全。

最后，企业管理人员应当在企业内部搭建信息共享平台，以此来实现企业内部各部门的信息共享，加强各个部门之间的沟通和交流，并加强该共享平台的推广，保障各个部门之间的信息联通，最大限度地防止信息"孤岛"现象的发生。

### （六）建立财务会计大数据管理平台

企业要设计和开发符合自身情况的大数据信息平台，清楚规定有关工作的目标，构建会计信息平台，进而促进工作的高效开展。对此，企业应该组合应用多样化的技术，如大数据平台和云计算技术，推动财务会计发展。当前云计算得到了广泛应用，该技术能够有效地体现出软件平台的服务作用。企业可利用云计算技术实施信息化管理，如运用目录、可视化配置等，依据平台及数据库的功能特点，充分发挥出信息化服务的效能。另外，企业要加强公共服务活动建设，只靠会计信息系统是不够的，还要提出优化措施，健全会计系统，为上级领导的检查及监督工作提供便捷，使领导能够有效地明确工作开展状况，帮助领导制定科学、有效的决策。企业可以加入集中管理模块，对会计业务系统进行健全，促进各地基层部门和会计部门之间的信息交流，实现互通共享，避免出现信息偏差问题。此外，大数据平台在总部和分销部门之间具有重要的作用，能够确保数据信息的共享性，提升信息的时效性。

### （七）提升对大数据的认知水平，促进财务转型升级

在大数据时代背景下，财务会计工作侧重于数据分析，从大量的信息数据中提取出需要的信息，为企业发展提供有价值的依据，充分发挥出工作的职能，提升工作价值。财务会计应该明确大数据在财务工作中应用的重要性，积极地学习，应对大数据应用给财务工作带来的变革。财务会计不仅要具备财会知识，还要掌握其他学科知识，如管理学、计算机、数学等，促进会计工作价值的发挥。企业中的领导层应提升对大数据技术的认知水平，意识到大数据技术在决策制定、绩效管理、经营管理以及风险防控等工作中的价值。定期组织财务会计实施培训，帮助他们更好地掌握大数据技术，并有效地应用于工作中，促进工作的有效落实。

### （八）加强复合型人才培养

在大数据时代背景下，对人才提出了更高的要求。人才只有兼具专业知识及信息技术能力，才能更好地适应工作转变要求，参与企业的决策规划，因此，需要加强复合型人才培养。首先，高校作为人才培养的重要地方，应该强化会计专业学生综合素质方面的培养。高校在设置会计专业课程时，要把重点放在管理会计方面；同时增加有关的课程学习，如云计算技术、大数据技术等，并且落实好考核工作，提升学生的技术水平。其次，应提高会计行业选拔考试的标准，从源头把控会计人员的专业性。在对人员进行考核时，不仅要考核其专业能力，还要考核其道德素养。再次，企业作为大数据运用的主体，企业中的会计人员受到较大的影响。对此，企业应加强人才培养及引进工作：第一，从现有财务人员中选择优秀的人员进行培训，可以为他们提供外出学习和交流的机会，或是聘请转型成功的企业中的人员讲解经验，帮助会计人员尽快改变工作思维及方式，朝着管理会计发展。第二，企业要结合对人才的需求，从外部聘请高水平人才。最后，政府应发挥作用，监督高校及社会培训机构的人才培养工作，有需要时可以提供帮助，为培养出更多高水平人才提供保障。

### （九）健全有关的法律法规

有关法律法规建设存在一定的不足，如更新速度较慢、缺乏统一的规范等，可能导致企业产生损失，甚至是扰乱市场及社会。对此，有关部门应积极干预，促进有关法律法规的建设，不断健全法律法规。

### （十）加强企业财务数据的处理和分析能力

对财务数据进行整理和分析能够给企业发展规划提供依据，因此，在财务会计转型前需要做好准备工作。第一，企业内应该建设科学的数据收集管理框架体系，加强内部数据信息的采集能力，给财务管理奠定良好的基础；第二，加强财务数据整理及应用，为企业经营及发展提供依据；第三，提升财务人员的分析能力，掌握合理的分析方法，根据收集及分析的财务数据信息挖掘其中的价值。

## 第三节　大数据技术在管理会计中的运用

### 一、大数据与管理会计

大数据是随着时代发展而产生的以数据为本质的新的信息技术，是一种规模巨大到在获取、存储、管理和分析方面都远远超出传统数据库软件工具处理能力的数据集合；大数据技术是通过云存储、云计算等实现对海量数据进行归纳、融合与处理的新型信息处理技术。大数据技术运用于管理会计，通过海量数据的收集和高效处理，实现数据利用的增值，从而推动决策的顺利实施和流程优化。脱胎于传统会计系统的管理会计，因成本管理升级需要应运而生，主要是利用财务会计、统计及其他相关资料，以现代管理科学理念为基础，采用一系列专门方法，通过对大量相关数据的分析，对企业内部的生产经营活动进行规划、控制、评价与考核，为企业提高经济效益、改善内部管理、化解市场风险、制定最优化决策等提供支持。管理会计依赖于对企业相关数据、信息的研究处理，协助管理者对企业资源的合理配置和有效使用做出科学、正确的决策。由此可见，企业大量的历史和未来经济数据的处理，需要先进的信息化技术，大数据技术的发展将企业需要变为可能。管理会计在大数据技术的有机融合下，发生着深刻变化。

### （一）数据库

运用大数据技术可以为企业构建更加全面、多层次的数据库，在优化管理会计系统的同时，为企业成本管理提供重要的数据分析。例如，在企业经营投资上，借助大数据技术的数据分析，能够有效地预测经营与投资的预期回报。同样，大数据技术能够对现有的数据进行建模分析，从而为企业经营发展提供准确、可靠的数据支撑。管理会计的作用时效是"未来"，在评价过去的基础上，通过对所掌握的相关数据的分析去预测和规划未来、控制现在。管理会计所依据的数据库数据的完整性是关键，大数据技术为数据库建设提供了非常重要的技术保证。

### （二）工作方法

大数据技术优化了企业管理会计的数据收集、存储及分析处理，必然带来工作方式的改变。采用什么样的方法使预测结果更加符合实际，采用什么样的措施保证生产经营目标的达成，采用什么样的评价体系考核经营业绩，是管理会计的工作重点。在大数据技术的支持下，管理会计可以通过分析工具选择科学合理的分析方法，最大限度地挖掘企业会计数据的价值，为企业正确决策提供科学依据。

### （三）工作内容

在大数据技术支持下，管理会计的工作内容从数据收集、数据分析并重，转变为更多关注模块设计的合理性和分析结果的运用，以及企业生产经营调控措施的制定、关联因素和风险因素的管控、考核指标的确定和核算成果的评价。简单地说，管理会计的主要工作内容就是"规划与决策""控制与评价"。

## 二、大数据技术在管理会计中运用的必要性

20 世纪 90 年代以来，世界经济发生了巨大变化，企业生产经营面临的内外部环境许多新的考验，迫切需要管理会计能够通过新技术的运用发挥更大的作用。大数据技术的出现为管理会计职能的优化升级增添了活力。大数据技术的核心是对数据的整理、分析、预测和控制，通过关联分析、聚类分析、偏差分析等方法对数据进行加工处理，从中发现关联因素及隐藏在数据中的有价值信息，这一切正是 21 世纪企业管理会计所需要的。

### （一）大数据技术有助于构建更加科学合理的数据平台

管理会计既需要收集企业内部的各种数据，也需要收集同行业和市场的数据；既需要收集固定成本的数据，也需要收集变动成本的数据；既需要收集历史上的数据，也需要收集整理预测的数据。大数据技术为这一切构建了可靠的平台，海量数据通过集中分析和管理，快速而准确地从中筛选出有价值信息，实时为企业财务管理、生产经营决策提供依据。价值链管理在传统管理会计体系中是没有的，但对企业经营而言，价值链的有效管理对于增加顾客价值至关重要，必然需要管理会计格外重视。管理会计必须跟踪分布于价值链中各种作业的有关信息，显然这些信息收集整理离开一个科学合理的数据平台是很难完成的。

### （二）大数据技术有助于管理会计职能的发挥

管理会计是管理与会计两者的有机结合，是会计职能和管理职能的发展与创新。管理会计服务于企业内部经营管理的主要形式是以价值形式对企业的生产经营活动进行预测、核算与评价，其主要职能包括预测职能、决策职能、规划职能、控制职能、评价职能。作为信息革命重要成果的大数据技术的运用使管理会计如虎添翼，大数据技术无论是作为工具还是手段，其数据信息收集的全面性、数据分析的准确性、数据处理的高效性，给管理会计带来的都是革命性的改变；大数据技术能够在庞大复杂的数据信息中，快速、高效、准确地提炼出有价值的信息，促进管理会计朝着更加全面、细致、及时、准确的方向不停迈进，使管理会计在企业经营决策和规划发展中的作用愈加重要。

### （三）大数据技术有助于有效降低企业运营成本

管理会计根据大数据提供的分析，及时厘清企业运行中存在的问题，制定相应的控制计划，实现有限资源的优化配置，提高资源的利用率。管理会计所注重的成本不仅是成本绝对额的控制，而且要控制"投入产出"的相对比，从而实现"产出"大于"投入"，大数据技术恰恰可以帮助管理会计实现对成本的精准控制。管理会计在大数据技术的支持下，还能够通过数据的不断更新、完善，实现调控措施的适时有效。大数据技术的运用大大提高了管理会计的工作效率和工作质量，增强了企业的竞争力。

### （四）大数据技术有助于拓宽管理会计的工作范畴

大数据技术可以拓展管理会计的数据收集范围，延伸管理会计的工作内容，促使其工作效率得以稳步提升。利用大数据和信息技术等手段，全面分析客户需求与市场发展需求及市场环境信息等管理会计相关的数据信息，做出契合企业发展实际的经营决策，围绕经营管理目标，合理控制生产经营成本，不断优化服务和销售等业务流程，及时发现和规避经营管理中存在及潜在的风险问题。大数据和信息技术等手段的运用，拓展了管理会计的创新发展路径，能够积极为企业的经营管理创造更多的价值。

## 三、大数据时代管理会计的机遇与挑战

据国际数据公司调查发现，企业中80%为非结构化数据，这就意味着传统管理所涉及的数据所占比例较低，无法满足现代企业管理的需要。大数据技术的运用拓展了各类数据、信息收集的渠道和方式，数据处理分析的便捷、高效以及评价方法更加客观、合理等革命性变化，给管理会计带来了巨大机遇，管理会计的职能得到了进一步加强。另外，在新技术革命和经济全球化竞争压力下，管理会计作用的对象及其外部环境都已经发生了变化，管理会计在理论体系、工作内容、方法手段等方面迫切需要更新改造。大数据技术带来发展机遇的同时，管理会计也面临诸多挑战。

### （一）管理会计制度缺位

企业的财务管理制度主要依托财务会计工作情况而定，缺少管理会计方面的制度内容，无法确保管理会计工作展开的有章可循。企业的领导层与管理层对管理会计工作展开重要性的认知片面，未从长远发展的角度建立管理会计相关的制度。大部分企业内部并未建立与管理会计应用相符合的制度，导致管理会计工作展开形式化及粗放化。

### （二）缺少复合型人才

大数据时代下的企业管理会计工作展开，对财务人员的职业素养和专业能力要求更高，需要财务人员具备较强的信息素养和决策信息分析与数据处理等方面

的能力。但实际上，企业的管理会计工作展开起步晚，工作重点并不明确，促使人才培养的内容和形式缺乏针对性，使得复合型人才严重缺失。财务人员的专业知识技能滞后，显然不能得心应手地展开管理会计工作，更不利于大数据时代下的管理会计创新发展。

### （三）信息安全威胁

大数据时代下的财务管理工作展开，受网络的开放性和不确定性等因素的影响，企业财务信息的安全威胁问题不能忽视，管理会计工作中的信息出现泄露和被篡改等问题，会给企业带来巨大的损失。与安全防护措施落实不到位有关，对数据加密和备份等安全防护技术的应用不成熟；也与财务会计人员的风险意识不足有关，人为操作管理系统的失误问题，会引起系统的崩溃，甚至信息丢失等问题，进而影响企业数据的安全性。

### （四）工作方式缺乏创新

大部分企业的管理会计方式方法相对简单且固化，数据收集和分析及处理等功能发挥受限，人工处理信息的效率和质量低，无法确保数据的全面性和有效性，促使管理会计分析报告的内容缺乏可用性，在经营决策和风险预测等管理方面的应用价值相对局限。

## 四、大数据时代管理会计的发展策略

在全球经济一体化的大背景下，企业相互之间的竞争归根结底是核心能力的竞争。有效发挥管理会计在企业生产经营决策中的关键作用，是企业核心能力的重要组成部分，在现阶段，充分运用大数据技术，实现管理会计的"提档升级"更是重中之重。

### （一）增强大数据技术的应用意识

大数据是信息技术的一次突破性飞跃，将在相当长的时期内影响企业的管理工作。在大数据时代，各项数据的收集、处理变得更加准确和便捷，更重要的是大数据技术打通了数据之间的壁垒，让数据在相互交流中产生化学反应，实现了数据价值的升值。管理会计借助大数据技术实现更快、更好地发展是大势所趋，实现与大数据技术的深度融合，也是管理会计发展的新路径。

管理会计要牢固树立大数据技术应用意识，加大大数据技术应用能力的培养力度。与此同时，要注重早期应用成果以及成功案例的总结、宣传，营造积极运用新技术、推广新技术的良好氛围。

### （二）提高会计人员的综合素质

管理会计工作的开展离不开专业人才的支撑。因此，需做好人才储备工作，积极推动企业的管理会计建设和创新发展。大数据时代下的管理会计工作的新特点突出，要求管理会计人员具备管理学和金融学等方面的专业理论基础，能够综合分析各类财务要素的影响。提高自身的信息素养水平，实现大数据和信息技术等手段与管理会计工作的融合，根据实际工作需要，加强对信息系统处理及大数据分析结果的转化，促使财务管理工作质量和效率得以稳步提升。管理会计人员需充分掌握现代信息化手段，并能够熟练运用大数据技术分析与企业的经营发展相关的数据信息，将分析结果运用到管理会计工作中，促使企业的经营决策更加科学合理。根据管理会计创新发展的情况，合理制订对管理会计人员的培训计划，更新其专业知识技能，强化其数据甄别和系统操作等方面的能力，充分发挥数据的评估与分析等功能，及时发现管理会计工作中的异常数据，了解对企业生产经营发展的影响，采取有效的措施及时处理财务管理问题。丰富培训的内容，涉及技术实践应用能力和业务技能及财务专业知识等，切实提升管理会计人员的综合素质。完善对管理会计人员的考核与激励等机制，采用量化工作指标的方式，管控和监督其工作情况。将考核结果与薪酬待遇等方面挂钩，并通过物质奖励和精神激励等措施，调动管理会计人员的工作潜能与主观能动性，使他们在管理会计工作中主动运用先进的技术和手段及方法等，以充分发挥新时代下的管理会计职能。

### （三）加快管理会计信息化平台建设

管理会计的信息化是管理会计、业务、信息化三大元素的有机融合，管理会计以信息化建设为支撑，以先进的信息化技术为媒介，实现管理会计与业务的完美衔接，进而为企业的生产经营活动提供科学的预测和决策。管理会计信息化平台建设还是大数据技术与管理会计相结合的必然要求，是管理会计能够在企业生产经营决策中发挥作用的基础。管理会计信息化平台作为大数据技术应用的载体，为管理会计充分履行职能提供了可能。管理会计信息平台建设是长期的，伴随着企业生产经营活动而不断完善。

### （四）维护财务信息系统

企业在运用大数据等技术手段开展管理会计工作时，可依托财务管理的需求和技术优势，合理搭建财务信息系统及信息管理平台和数据库，做好数据的收集和安全存储等工作。利用系统与数据库全面收集各部门的业财信息，便于管理会计人员充分掌握各类数据信息，从而提高工作质量。针对财务信息系统与数据库的正常运行和信息的安全问题，需加大维护财务信息系统的力度，促使数据库和系统在管理会计工作中的应用价值得以充分发挥。一是立足企业发展现状搭建内网，确保经营信息和财务数据在企业内部顺畅地流通，建立企业内网和外网的屏障，防止网络攻击和入侵，避免出现数据泄露和丢失等情况。二是在建设会计信息系统前，与专业的软件公司及技术人员合作，明确讲述系统建设的要求，搭建契合企业发展实际的数据库和财务信息系统，防止自身专业能力不足引起的系统漏洞等问题。定期要求技术人员做好系统的检查和维护工作，及时排查和处理系统安全漏洞问题，运用防火墙等软件提高系统运行的安全性。三是根据管理会计及财务信息系统的特点，合理评估在系统中存在及潜在的安全风险，制定风险预警及防范机制，及时规避系统安全风险引起的不良事件和经济损失。

### （五）创新管理会计工具

#### 1. 创新预算管理工具

企业在大数据时代下的发展，需加强对管理会计人员前瞻意识和战略意识的养成，要求财务人员灵活运用管理会计工具去预测和把控在经营管理中的风险，采取有效的控制措施与方法不断提升企业的绩效和价值。根据企业的发展实际和大数据时代的工作特点，利用数据库或计算机等工具搭建预算管理的模型，依托算法和统计学研究及数据挖掘分析等手段，系统性地分析整理预算数据，大力推进预算的机制和工作流程及定位等方面的创新工作。首先，在预算定位创新方面，利用大数据技术存储和整合预算数据信息，不断调整预算定位。其次，在预算机制创新方面，依据大数据时代的要求，创建层次化的预算管理及目标机制，要求各部门灵活运用大数据技术去分析和存储数据，并维护数据的安全。在预算流程创新方面，搭建闭环性的管理体系，利用闭环性的方式执行预算考核评价和过程的控制及预算目标的明确与系统的分析等管理工作。最后，在预算模型的创新方面，将预算管理工作嵌入预算系统和预算模型内，合理搭建滚动预算类型和作业预算类型及目标测算类型等模型，利用大数据技术整合成完整的系统，积极推动预算工具和预算控制及管理会计工作的革新。

2. 创新核算工具

利用大数据技术积极革新核算工作形式，提高会计核算工作质量，有效控制成本。在优化核算工具的过程中，将成本划分为水电费成本与房屋租金成本等间接成本，人力资源和原材料等方面的直接成本。在核算工作中利用技术手段去分析与查询，确保核算数据更加完整真实。首先，规范拆分生产流程，细化成多个作业小单元，根据工序的重要性，突出重点和次要及一般的部分，再通过技术检测去核算分析各工序的定额工时，明确各工序的工资。根据岗位工作能力分配工作，实现人力资源的有效利用，降低人力资源的成本。其次，规范核算分析各工序的间接成本及材料成本，便于管理部门合理把控生产成本。

3. 创新绩效考核工具

向生产和人力资源管理及销售等领域延伸会计工作，准确收集与分析和管理绩效考核数据信息，利用平衡计分卡工具整合分析非财务和财务类型的战略指标，利用大数据等技术搭建绩效考核工作系统，设定创新与生产和客户等管理方面的绩效考核指标，以达到理想的绩效考核工作效果。

4. 创新管理会计业务管理工具

利用大数据技术的分析和处理及搜集等功能，打破以往随机抽样等处理方式，形成新的业务把控思维形式，突出管理会计工具在组织结构创新和业务流程再造及战略优化等业务管理领域的应用价值。将管理会计工具与大数据技术延伸到业务中，不断突出业务的创新性和完善性，并利用大数据技术和内生演化等形式，不断调整业务机制，强化管控业务流程，省略中间的工序，优化处理核心环节，实现对经营成本和组织成本的有效管控。

## （六）创新管理会计制度

大数据技术在管理会计中的有效运用离不开制度保证，也只有通过制度创新来增强管理会计人员运用新技术的使命感、紧迫感和责任感，切实履行好在企业生产经营决策中所担负的职责。要建立和完善管理会计人员的工作标准，明确职业素质要求，用制度规范相关人员的行为，只有这样才能把新技术的运用落到实处。

管理会计的制度创新主要包括三个方面的内容：首先，要把大数据技术的运用作为一项原则，用制度的形式明确其地位和作用；其次，把大数据技术作为方法论贯穿于管理会计工作的全过程；最后，细化富有大数据特色的具体财务制度，如数据收集和存储的规定、数据分层授权使用的规定、数据安全管理的规定等。

### （七）注重管理会计人才队伍建设

大数据技术在管理会计中的运用关键在于人。在大数据时代，管理会计被更多地赋予战略决策的使命，需要诸如信息经济学、工程心理学、行为科学、价值工程等更多领域学科的融会贯通，需要的是复合型会计人才。培养财务人员大数据思维观念、掌握大数据相关技术并结合实际灵活运用，有助于管理会计工作的创新。同样，管理会计作为企业会计信息体系的组成部分，承担着非常重要的职能，不是一两个人就能完成的。培养一支既有专业知识又能正确理解国家政策，又了解企业经营状况，还熟练掌握大数据技术的会计人员队伍，是企业长远发展的需要，也是企业不断提高经济效益、在激烈的市场竞争中立于不败之地的法宝。综上所述，随着大数据时代的发展，管理会计应用面临着挑战与机遇，更面临着技术上的创新和工作质量的提升，要加深对大数据技术的研究和探讨，并合理地运用到管理会计中。积极拥抱大数据技术是管理会计的发展方向，两者的有机结合能够挖掘数据蕴藏的巨大价值，推动企业生产经营决策更加科学，管理会计在大数据技术带来的变革中得到了淬炼和升华。

## 第四节　大数据时代会计人才的培养

### 一、大数据与会计人才培养

#### （一）我国会计人才培养现状

随着我国高等教育的迅速发展，高校会计专业的学生数量迅速增加，但是这并没有提升我国高校会计专业的教育质量，反而出现了教育质量下滑的现象。从理论角度来讲，教育质量的高低主要表现在两个方面：一是学生质量。从某种意义上来讲，学生质量是一种状态量，又被称为静态量，它体现的是教育的结果。二是培养质量。它是一种过程量，又被称为动态量，体现的是教育的全过程，通常情况下，我们将学生培养前的质量与当前学生质量间的差值看作大学生培养质量的值，也就是学生质量的增值。在评价会计专业学生教育质量时，我们不仅要考虑学生质量，还要参考培养质量。

1. 从培养过程角度分析

目前我国会计人才培养过程中存在很多问题，如会计专业课程设置不合理、会计教学方式过于传统、教学考评制度不完善等。此外，部分高校并不是十分重视教学过程的质量，在日常教学中坚持"严进、宽出、中间松"的原则，因此虽然会计人才数量有了明显的增加，但是培养过程质量并不是十分理想，与此同时，这样的教育方式也使教育失去了本身的意义。

2. 从培养结果的角度分析

从这一角度来看，我国会计人才的质量令人担忧。高校在制定会计人才培养目标、制定考评机制时并未考虑社会对会计人才的需求，高校会计人才培养处于"孤岛"封闭状态，缺乏与企业的沟通协调，因此培养的会计人才无法适应社会需求，如素质差、知识面窄、实践能力弱等。因此会计人才的培养应面向市场，在市场导向的指引下制定会计人才培养目标，同时还要加强与企业的沟通协调，深入了解企业对会计人才素质的要求。

财政部于2016年12月印发的《管理会计应用指引第100号——战略管理》中共计22项管理会计应用指引，分别为6项概括性指引和16项工具方法指引。它的出现标志着我国管理会计从宏观理论指导转向企业落地实践，从国家顶层政策设计转向具体实践操作，这对提升企业管理效率，推动企业转型起到了积极作用。2017年智能化会计在管理会计领域得到了飞速的发展，其发展速度远远超出人们的预期，为此学术界将2017年称为企业"智能化"管理会计落地"元年"。

2017年由财政部颁发的《实施会计人才战略　加强会计人才建设》对会计人才战略发展做出了指示，强调在"十三五"规划期间将管理会计人才培养作为会计人才战略的主要任务，并争取在2020年培养出3万名管理会计人才，他们不仅要精于理财，同时也要善于管理和决策。2017 年我国部分地区逐步推进管理会计体系落地，如北京、山西、上海、江苏等。

2019 年 4 月，教育部下发《关于实施一流本科专业建设"双万计划"的通知》，在文件中强调全面实施"六卓越一拔尖"计划 2.0，并在此基础上启动一流本科专业建设"双万计划"。此外，该文件中也明确指出，要在 2019 年至 2021 年建成 1 万个左右的国家一流本科专业点，以及 1 万个左右的升级一流本科专业点，从而优化我国高校本科教育专业结构，提升本科教学质量。另外，也积极鼓励各个地区探索"新商科"建设，这为我国管理会计人才培养机制的完善提供了良好的条件。

**（二）大数据对会计专业人才培养提出的挑战**

互联网经济的快速发展在无形中改变了人们的生活方式。随着云计算、物联网、电子发票、电子银行的迅速普及，会计信息确认、会计信息核算、会计信息管理以及会计信息安全等已经成为十分重要的命题。互联网不仅改变了企业的运作模式，也给会计人才培养提出了新的挑战。

1. 会计基本职能地位发生改变

通常情况下，核算和监督是会计的基本职能，所以在传统会计人才培养中十分注重对人才会计核算技能的培养。然而随着大数据技术、互联网信息技术以及物联网技术在会计领域的应用，会计核算流程日益简化。随着电子信息技术的发展，电子发票、电子凭证等逐渐取代纸质会计文档，从而降低了会计人员的工作量。此外，传统的会计信息处理工具，如计算器、算盘等，也逐渐被计算机所取代，不同的部门之间可以通过计算机远程操作实现数据的传输，进而提升了会计工作效率。这些变化不仅简化了会计工作，提升其工作效率，同时社会也对会计工作人员提出了更高的职业能力要求。随着互联网信息技术在会计领域的应用，企业对基层财务核算人员的需求降低，其需求目标逐渐转向具有数据收集、分析及决策能力的会计人才，所以仅仅拥有会计核算能力的会计人员将不再是企业追捧的人才，会计从业人员需要将工作重心转移到数据信息分析上。这对高校会计人才培养也提出了新的挑战，在会计教学中不仅要教授学生会计核算知识，同时还要注重管理会计知识教学，并逐渐改变传统会计人才培养模式，提升学生的数据分析、决策能力。

2. 会计组织形式愈加开放

随着通信技术以及软件系统的推广与普及，会计数据的传输速度有了明显的提升，同时简单重复标准化的财务工作得到了集中处理。此外，企业财务核算由传统独立核算模式走向集中的财务共享模式也是时代发展的潮流，具有不可逆性。在这样的环境下，各个会计主体的会计质量以及核算效率将会随着财务共享模式的统一核算而提高，同时会计核算也将摆脱空间的制约。另外，在大数据环境下，会计工作也将不再受地域因素的限制，同时会计线下工作模式将逐渐转为线上工作模式，而这也将成为会计服务机构的主流，如代理记账网络化、在线财务管理咨询、云审计、云会计等。总之，互联网信息技术推动了会计行业的发展，催生了诸多新型的会计服务体系，它们借助网络技术手段为企业提供更加全面的会计信息。

3. 会计知识传播渠道更加多元

在传统会计教学模式环境中，教师是课堂教学的主角，学生处于被动地位，这种灌输式的教学方式会增加会计理论教学的枯燥性，不利于提升课堂教学效果。在大数据时代，人们的学习方式也朝多元化方向发展。目前高校已经被网络信息化技术覆盖，各种教学技术手段都可以灵活地运用到课堂教学之中，如远程教育、教学资源库等等。随着移动 App 的迅速崛起，移动教学、移动学习也丰富了学生的学习方式。此外，慕课、微课等都在一定程度上丰富了学生的学习方式。在高校会计专业教学中，教师不仅可以利用计算机进行教学，同时也可以将慕课、翻转课堂等教学模式引入会计教学中，调动学生学习的积极性，提升课堂教学质量。为此，在大数据时代，对高校会计专业人才培养过程中是否可以有效利用多元化学习方式提出了挑战。

**（三）大数据对高校会计人才培养的重要推动力**

从某种意义上来讲，大数据对高校会计教育做出了重要的贡献，促进了高校培养符合社会经济发展以及企业发展需求的人才。虽然互联网技术和大数据技术的快速发展给很多专业领域产生了冲击，但是也为其发展带来了广阔的空间。

1. 大数据使会计环境发生了深刻变化

一般来讲，会计的主要目标是向企业内部以及企业外部信息使用者提供相应的会计信息，为他们的决策提供参考，而会计环境在无形中决定了会计发展的方向。互联网、大数据以及物联网等技术的推广与普及不仅给教育提供了全新的发展思路，同时也给社会经济发展开辟了新的出路，大数据等技术在国家经济运行、国家治理领域的应用逐渐增多。大数据的到来在一定程度上突破了传统财务会计数据的界限，在大数据环境下凭借传感器、互联网、信息技术生成了各种电子数据信息。随着大数据的深入发展，它逐渐受到各个行业的重视，企业将大数据作为提升企业核心竞争力的关键因素。2016 年，中国注册会计师协会发布的《注册会计师行业信息化建设规划（2016—2020 年）》指出："增强注册会计师信息技术和数据技术应用能力，加快培养复合型数据分析人才"[①]。上海国家会计学院于2017 年 7 月发布了"2017 影响会计从业人员的十大技术评选结果"，该结果由财经界和 IT 界共同评选，最终大数据位列十大技术之首，这在一定程度上也反映了会计行业对大数据的认识提升。此外，数据分析的重要性也逐渐被行业认可，它可以创造出更高的价值。随着大数据的发展，大数据技术以及各种信息技术已经渗透到会计行业的各个方面，如会计研究、会计管理、会计实务以及会计教育等。

2. 新时代会计人才的需求结构矛盾凸显

大数据在产业领域也得到了广泛的应用，从而导致应用复合型人才的需求量增大，进而导致应用复合型人才的供需矛盾的激化。第一，能够适应大数据时代的会计人才匮乏，无法满足企业的需求。全球著名咨询公司麦肯锡在 2013 年对大数据时代人才需求进行了预测，并指出在未来十年全球商业界将会面临数据应用人才匮乏的困境。2014 年美国注册管理会计师公会、特许会计师公会针对大数据时代会计人才需求进行调研，并指出未来十年内，具有会计专业知识及信息分析技术的复合型人才将会是企业的高级人才，他们在企业管理和企业决策中的作用逐渐加大。2016 年 10 月，财政部会计资格评价中心和中国社会科学院人力资源研究中心联合发布了《我国会计人才供求状况研究报告》，报告中预测我国2020 年的会计人才需求将会达到 1834 万人，但是在 2015 年我国拥有会计从业资格证的人员便达到了 2050 万人，这一数据明显反映了我国会计人才供过于求，

---

① 中国注册会计师协会. 注册会计师行业信息化建设规划（2016—2020 年）［R］. 中国注册会计师协会（http://cicpa.org.cn），2016-12-15.

我国传统会计行业正处于转型的十字路口①。大数据时代对人才需求有了新的要求，具体来讲，以下两种类型的人才是大数据时代尤为急需的：一是数据技术人才；二是数据应用人才。为了能够满足大数据时代对人才的需求，北京大学、复旦大学、中南大学以及对外经济贸易大学等35所高校增设"数据科学与大数据技术"专业，并通过教育部的审批，这表明国家对数据技术人才培养的重视。虽然目前高校加强了对数据人才培养的重视，但是相对于产业领域大数据的应用来讲，显得极为滞后，如适合大数据时代的会计人才培养路径依然不够明确，复合型会计人才培养进程缓慢等。为了提升我国全球商业竞争的实力，高校有必要采取积极行动，培养更多的优秀人才。

## 二、大数据时代会计专业人才培养模式分析

### （一）大数据时代会计专业人才培养模式问题

在大数据时代，各行各业都发生了翻天覆地的变化，企业改革的脚步也逐渐加快，这就导致企业对高素质专业会计人才需求的增加。然而，当前我国高校在会计人才培养方面还存在许多不足之处。

1. 专业人才培养目标有待创新

人才培养目标的制定需要适应社会产业发展需求以及适应学校转型，这样培养出来的人才才能符合行业发展需求。目前大部分高校缺乏互联网思维，所以人才培养目标无法及时更新，从而导致人才培养与企业需求不符，人才培养体系架构不合理。高校在培养会计专业人才时，往往将核算等基本技能作为培训的主要内容，例如让学生熟悉手工记账与会计信息化处理的区别与联系、日常经济业务的账务处理、会计报表的编制等。在大数据时代，物与物、企业与企业、人与人之间的联系日益紧密，在互联网等信息技术环境下，会计信息实现了"人、财、物、信息"的四合一，传统的会计人才培养方式已经无法适应大数据时代对会计人才的需求，具有会计专业知识和信息技术能力的复合型人才才是当前企业急需的会计人才。

---

① 财政部会计资格评价中心，中国社会科学院人力资源研究中心.我国会计人才供求状况研究报告［N］.中国会计报，2016-10-21.

传统会计人才培养将知识传授以及学生学习结果作为重点，在一定程度上忽视了知识、能力、素质的有机统一。当前我国高校会计人才培养目标的制定主要是参照我国教育部于 2018 年颁布的《普通高等学校本科专业类教学质量国家标准》，并在此基础上结合学校自身的实际情况以及办学特点制定详细的会计人才培养目标。同时，我国大部分高校会计人才培养目标仍然没有完全与大数据时代的要求接轨。另外，由于大数据时代对会计职业产生了较大的影响，为此会计人才培养目标未能与企业需求相匹配。当然，目前部分高校依然在修订完善会计人才培养目标，但是如何使之与大数据时代的要求相匹配，如何培养出数据分析能力较强的会计人才，需要高校在制定人才培养目标时认真思考这些问题，从而培养出更多适合社会发展需求的会计人才。

2. 课程体系设置有待完善

当前，大部分高校并未开设"移动互联网"专业，将互联网相关课程融入会计人才培养计划中更是凤毛麟角。当前，大部分高校的会计人才培养依然停留在会计电算化教学，学生只需要掌握一定的会计软件操作即可。但是随着"互联网＋"与教育的深度融合，对学生的素质也提出了新的要求，他们不仅要掌握会计专业的理论与实务知识，同时还要具有一定的计算机应用能力。在大数据时代，企业往往比较青睐于那些同时拥有专业会计知识和计算机技术水平一流的复合型人才，这样的会计人才在日常工作中可以轻松处理各种类型的业务，为企业创造更多的价值。所以在大数据时代务必要培养具有会计专业知识和掌握网络信息知识的复合型人才。除此之外，需要注意课程体系的设置应从多方面考虑，不应局限于课堂教学，还应考虑课外教学，这也是目前我国大部分高校在课程体系设置方面的短板。高校应积极拓展课外培养计划，鼓励学生参加各种类型的会计比赛，如"挑战杯"赛、学科竞赛等。此外，也可以鼓励参加大学生创新创业项目实践活动，并将这些实践活动以学分的方式纳入课程体系。

目前，我国高校在课程设置上还存在以下几个方面的问题：第一，部分高校拥有较好的硬件设施和师资资源，为此它们在进行课程体系改革时过于激进，将大数据技术层面的内容无限放入，反而弱化了会计专业性知识内容。第二，部分高校在课程体系改革时，认识到了大数据技术的重要性，并将相关课程融入会计课程体系，但是其教学仅停留在扩展知识的层面，没有做大大数据与会计的深度融合。第三，部分高校对大数据有较高的认识，但是受学校硬件设施、师资等因素的影响，无法完善课程体系。总之，在大数据时代，复合型会计人才是推动企业和社会发展的关键，但是目前高校会计人才培养课程体系建设有待完善。

### 3. 会计专业实践教学有待增强

通常情况下，理论知识的传授是文科专业的主要环节，但是会计专业与其他文科专业性质又有所不同，它是一门实践性较强的学科，对学生的实操能力有较高要求，然而目前高校会计人才培养"重理论，轻实践"。在这样的教学环境下，学生开始还可以清楚地理解会计理论知识，但是却不能很好地将理论知识搭建成一个完整的知识体系，随着会计理论知识的深入学习，学生大脑中的会计理论知识增加，然而由于所有的会计理论知识并未形成知识体系，导致学生越学越吃力，最后产生厌学的现象。当前大部分高校设置了模拟实验室，然而在日常教学中并未充分利用模拟实验室，从而降低了会计专业的实训效果。另外，大部分高校也十分鼓励学生"走出校园，进入企业"，但是在实际操作中难度较大，学生最终的实习仅仅换来了一张实习鉴定表，这种实习方式过于重视流程，其实质性作用较小，因此，无法通过这种方式培养出符合企业需求的会计人才。

通常情况下，高校会计专业的实践类型主要包括以下几种形式：第一，校外顶岗实习。这种实训形式可以很好地将会计理论与实践相结合，然而在实际操作中，企业考虑到会计信息的重要性，这种实训形式在现实中很难实现。第二，校外集中实践。这种实训形式由高校统一组织，将学生安排到具有会计培训资质的单位或实习基地，然后统一进行会计实践。一般情况下，这种实训方式的侧重点在会计软件的操作，并不具有大数据技术的学习与实践。第三，校内模拟实验室。这是目前大部分高校依然保留的一种会计实践方式。校内模拟实验室主要是让学生进行手工模账或者计算机模账训练，这种会计实践模式同样没有涉及大数据技术的学习与实践。第四，分散实践。目前我国大部分高校采用的会计实践方式便是此种方式，即学生自主联系企业单位进行实习，但是这种方式往往流于形式，学生不仅没有参与企业单位的会计实务，也没有参与大数据技术的应用。

### 4. 会计专业教师队伍素质有待提高

高校教师队伍的综合素质水平对会计人才培养具有十分重要的作用。大部分高校教师都是在毕业之后直接走上教师岗位，为此他们的会计实务操作经验较少，这也直接导致高校会计教师的实践能力不足。虽然部分高校为了提升教师的实践能力，为教师提供了进入企业学习交流的机会，但是由于受时间、空间的限制，教师只能进入小企业学习，从而导致其实践经验积累缓慢。在这样的情况下，高校会计教学难免会出现闭门造车的问题。随着互联网时代的到来，对高校会计教师素质也提出了新的要求，他们不仅要具有丰富的会计理论与实践知识，同时也要具有较好的信息技术知识。此外，目前高校对会计的考核主要以科研为主，并不是很关注教师的实践教学能力，这也导致教师将大部分精力放在科研上，从而降低了课堂教学效果。

众所周知，教师是教学的主体，无论是教师的个人能力，还是教师的综合能力，都会直接影响高校会计人才培养质量。通常情况下，导致会计专业教师知识结构更新不及时的原因主要表现在以下两个方面。

第一，客观原因。传统会计专业的教师往往拥有丰富的会计专业理论知识，然而会计方面的理论知识在不断更新，如会计准则、税法新政策等，所以会计专业的教师很有可能无法及时更新相关的专业知识。此外，高校会计专业的教师还需要了解、掌握一定的大数据、云计算等技术知识内容，这在无形中增加了会计专业教师知识结构更新的负担。另外，高校对教师的考评机制也在一定程度上影响了教师知识结构更新的速度。正如上文所讲，高校将科研作为考核教师的主要内容，所以教师将大部分的精力放在科研方面，为此他们学习新知识的精力和时间也就大大缩减。

第二，主观原因。如果想要完成大数据与高校会计课程的完美融合，需要教师具有较高的综合素质水平。会计专业教师不仅要精通会计专业的理论、实践知识，同时也要精通大数据信息技术等方面的知识内容，所以这就要求教师将大部分的精力投入大数据信息技术知识内容的学习。但是从教师自身的发展角度来看，他们缺乏学习大数据信息技术知识内容的动力与激情。

5. 教育客体——学生学习理念缺乏

学生的学习理念存在一定的问题，缺乏学习的主动性。目前，我国不同层次高校的学生在学习理念上存在一定的偏差，所以即便是在高校会计专业开设大数据课程，不同层次高校的学生的学习结果也不尽相同，从而影响最终的培养效果。

**（二）大数据时代下全新的会计人才培养模式**

结合上文中对大数据时代我国会计人才培养模式问题的分析，积极构建全新的会计人才培养模式显得尤为必要。

1. 培养目标——"四位一体目标"，确定培养的正确轨道

（1）"四位一体目标"的内涵

王开田曾指出应当培养会计人才的三商，即情商、智商、灵商。其中，灵商主要指的是会计的灵动性和会计的创造力，这些为以后的研究打下了坚实的基础。近年来教育环境发生了巨大变化，如国家针对高校提出"三全育人"的战略目标、"课程思政"等新型教学模式的出现，又如大数据对会计人才要求的提升，这些都在一定程度上体现出会计心商、会计财商、会计德商的重要性，而之前实现会计智商、情商、逆商的终极目标已经无法满足当前社会发展对会计人才的需求。想要培养出与大数据时代要求相符的会计人才，首先需要将大数据融入会计人才培养目标之中，并在此基础上构建"四位一体"的会计人才培养目标，即知识、素质、能力、三观于一体。在"四位一体"的会计人才培养目标下，逐渐实现会计智商、情商、逆商、心商、财商、德商——六商的终极目标。其中，心商、财商、德商为新增内容。会计心商主要指的是会计人员的心态，如处理重要会计工作的良好心态以及缓解工作心理压力的能力；会计财商指的是会计人员的理财能力，尤其是投资收益能力；会计德商则强调的是会计人员的思想道德素质，如诚实、负责等。"三观"主要是为了培养学生良好的人生观、价值观、世界观，这可以通过课程思政的方式实现。

（2）"四位一体目标"的实施建议

将"知识、素质、能力、三观"作为会计人才培养目标制定的核心，并在此基础上对培养目标进行内外部合理性的评价，最终确定人才培养目标细节，而后结合会计人才培养目标制定毕业要求，然后再结合毕业要求制定相应的课程体系，并以此类推进行环环相扣的具体设置和操作。一般情况下，我们只有确保最初会计人才培养目标的科学性，才能保证毕业要求以及课程体系设置的合理性。在大数据时代背景下，会计人才培养目标的制定依然不能偏离掌握会计核心知识内容，并在此基础上加大学生大数据应用能力的培养，使学生满足大数据时代对会计人才的要求。

2. 课程体系——"两大类课程深度融合"助力培养目标的落地生根

（1）"两大类课程深度融合"的内涵

大数据时代对高校会计课程体系建设提出了新的要求，实现会计与大数据两大类课程的融合创新尤为重要。具体来讲，可以从以下几个方面入手：第一，凸显会计课程的专业性。在会计专业课程设置上应当以 2018 年颁发的《普通高等学校本科专业类教学质量国家标准》为指导，保留并设置会计专业核心课程，如财务会计类课程（如初级、中级、高级财务会计等）、财务管理类课程（如初级、中级和高级财务管理、财务报表分析）、管理会计类课程（如管理会计、全面预算等）、审计类课程（如审计学）、法规类课程（经济法、税法等），以此来彰显会计专业的专业性、技术性特点。无论大数据对会计行业的影响多大，会计系统的研发、设计依然无法脱离会计专业的知识内容，如会计准则、税法、审计准则等。为此深入学习会计专业的知识内容具有十分重要的意义，如果不能精通会计专业知识，那么将无法真正理解大数据技术下信息系统处理数据的经济实质。第二，增加大数据技术的相关课程。如数据挖掘、大数据与财务决策、数据分析等。这样可以逐渐实现大数据与会计专业的深度融合，这对于培养学生收集数据、分析数据的能力有积极作用，同时也可以在无形中培养学生的决策能力。

（2）"两大类课程深度融合"的实施建议

为了最大程度地实现会计人才培养目标、使学生达到毕业要求以及培养与大数据时代发展要求一致的会计人才，务必要加强课程设置。在课程设置过程中，可以将企业引入课程设置与课程大纲制定之中，加强与企业的深度合作，使高校培养的会计人才更加符合企业的发展需求。具体来讲，一方面需要高校和企业共同开发大数据与会计融合的课程与教材，从根本上提升教材的实用性；另一方面，高校与企业共同制定课程大纲，并将会计实践内容转化为理论课程讲解内容，从而提升会计课程的适用性。

3. 教育主体——"三出三进策略"优化会计教师资源

（1）"三出三进策略"的内涵

在上文的分析中不难发现，大数据时代对高校会计教师提出了更高的要求，要求教师既要精通会计专业知识，也要掌握大数据相关的知识。为此高校可以采用"引育结合""跨界融合"等方式优化高校会计教师资源，在具体操作中可以实行"三出三进策略"。一方面，从外部引进具有计算机信息处理能力和会计专业知识的综合型教师；另一方面，通过培训的方式方法将高校现有的会计教师培养成既懂会计知识，又懂计算机信息技术的综合型教师。从某种意义上讲，"三出三进策略"是实现高校会计教师跨界融合最有效的途径。具体来讲，"三出"主要强调的是高校会计教师走出校园，走进企业，深入学习、实践大数据技术知识，走进国内外院校交流学习大数据技术知识，走进国内外会议深入研讨大数据技术。"三进"主要指的是邀请国内外大数据会计实务专家到校讲座，邀请企业到校进行大数据实践交流，引进企业大数据实践平台。

（2）"三出三进策略"的实施建议

具体来讲，可以从以下两个方面实施"三出三进策略"：第一，高校定期指派会计专业教师进入国内外高校或企业学习数据挖掘、数据分析技术，并指派会计教师参加与大数据相关的会议和科研，提升会计专业教师的大数据能力，同时结合我国实际情况研发适合我国国情的大数据会计信息系统。此外，也可以让会计专业教师走进企业，帮助企业实施大数据会计信息系统的构建，以此来提升教师的大数据会计实践能力。在这个过程中，也要鼓励学生参与，从而了解学生的学习需求，实现互动教学。第二，邀请大数据专家或有大数据会计信息系统使用经验的企业进入校园，通过开展讲座的方式实现双方交流，从而提升会计专业教师对大数据技术的理解。

4. 教育客体——"四大课堂协同发展"培养学生大数据思维

（1）"四大课堂协同发展"的内涵

通过"四大课堂协同发展"可以实现学生学习理念的转变，提升学生学习的主动性。第一课堂，主要是通过通识教育、学科教育以及大数据深度融合专业教育的方式提升学生的会计专业知识和大数据技术知识。第二课堂，主要指的是各种类型的学科竞赛和社会活动。当前会计专业的学科竞赛往往与大数据技术相关，所以参加学科竞赛可以提升学生的大数据技术水平。第三课堂，主要指的是课外课堂，即学生走出校园参加社会实践活动，如参加学校组织的实习基地活动。第四课堂，指的是网络课堂。随着网络信息技术的发展，网络学习已经成为一种不可替代的学习方式。通过以上四大课堂的协同发展，会计专业学生的学习会逐渐从被动转变为主动，与此同时，也有助于学生大数据思维的培养。

（2）"四大课堂协同发展"的实施建议

具体来讲，"四大课堂协同发展"的实施策略可以从以下几个方面入手：首先，第一课堂应采用"全过程考核"机制的方式，使学生熟练掌握大数据技术知识。在实际教学中，结合慕课教学法激发学生对学习大数据技术知识的兴趣，并在课堂中鼓励学生参与课堂讨论，此外，设置相应的课后作业对学生进行考核，从而达到巩固知识的目的。通过"课前、课中、课后"全过程的监督、评价，可以提升课堂教学效果。其次，第二课堂可以采用学分制的方式。这样可以激发学生参加学科竞赛的积极性，使他们在竞赛中学习并巩固大数据技术知识。再次，在第三课堂教学中高校应发挥自身的资源优势，积极联系校外会计实习基地，为学生会计实践创造便利。最后，第四课堂应充分借助移动互联网信息技术的优势，为学生推荐一些学习资源丰富的软件、平台，让学生可以学习更多的大数据技术知识，了解大数据会计系统的研发情况，从而提升学生的大数据会计能力。

5. 实训实践——"五大实践联动策略"实现理论与实践深度融合

（1）"五大实践联动策略"的内涵

实训实践在会计人才培养过程中十分重要，我们可以通过"五大实践联动策略"的方式实现会计理论与实践的有效融合。正如上文所讲，会计专业是一个实践性很强的专业，所以会计实践平台的构建格外重要。传统的会计实训实践主要包含四种类型，即学科竞赛及大学生创新企业项目的会计实践、会计模拟实验、签约实习基地的集中实践、社会分散会计实践。传统的四类实践方式对高校会计人才培养产生了积极作用，但是受新冠病毒疫情的影响，学生进入实习基地以及分散实训实践的方式存在较大的安全隐患，为此创新性地将企业的会计大数据实践平台引入高校成为第五种会计实践类型。

（2）"五大实践联动策略"的实施建议

具体来讲，可以从以下两个方面开展"五大实践联动策略"：第一，对传统四大会计实践模式进行创新。如会计模拟实验室实践的创新，在保留现有财务模拟软件的基础上，将大数据与会计融合仿真平台引入模拟实验室，抑或是结合学校会计人才培养需求与软件开发公司共同研发虚拟仿真平台，这样的虚拟仿真平台的实践针对性将大大提升。第二，充分发挥第五大实践活动的优势，解决当前新冠病毒疫情对实践教学带来的不利因素。将企业的会计大数据实践平台引入高校，利用企业的财务共享平台、财务共享沙盘等展开教学，抑或是邀请企业"大数据＋财税审"专家到校为学生演示大数据与会计融合的具体应用，并引导学生参与实践演练，提升学生的大数据和会计融合能力。

## 三、大数据时代下会计人才培养机制创新

### （一）创新内容

从企业战略执行、企业战略监督以及企业战略制定三个层面深入阐述"业财融合"理念对会计人才培养的重要性。2016 年我国财政部颁布的《会计基本指引》对企业会计理念做了进一步的阐释，并指出会计应将企业战略作为其工作导向，并在此基础上持续为企业创造价值。然而在实际教学中企业战略、会计是两个独立的教学内容，二者并未实现有效结合，所以十分有必要将企业战略融入会计课程之中，并逐步建立业财融合的人才培养体系。

在新时代环境下，会计人才培养应主动适应企业"扁平化"网络组织结构转型的战略需求，并在此基础上逐渐完善会计信息系统课程体系，将财务云、智能化以及财务共享等融入其中。此外，还要积极适应互联网大环境下的易变的经济环境和经营环境，构建以成本管理、预算管理、风险管理以及业绩管理为核心的会计课程体系，激活会计理论在会计实务中的应用。

加强对"非结构数据"应用能力培养的重视程度，将强调数据间"因果关系"向从"相关关系"中寻找价值的方向转型，这样可以在一定程度上满足基于"算法"的大数据对经济驱动的需求。例如，培养学生将企业经营中的销售、顾客行为、消费习惯等非财务数据应用于会计分析、预算、评估以及控制方面的能力。从某种意义上讲，在培养会计人才过程中，不仅要培养学生发现问题的能力，更要注重培养学生分析、解决问题的能力。

### （二）创新目标

解决传统会计课程与战略管理相分离的现状，构建业财融合的会计人才培养模式。

实现会计理论的核心实践价值，并在此基础上利用大数据分析工具，打造一个"互联网＋财务"智能化的会计课程体系。

在大数据时代下，对会计人才的培养要提升学生在文本数据、非结构性数据等方面的能力，同时还要熟练掌握各种算法。此外，对会计人才的培养还要加强对学生非财务数据整合、分析能力的培养，提升学生的数据分析、处理能力，为企业创造更多的价值。

尝试"探索性"+"研究性"的应用型会计人才培养模式，提炼形成"中国情境"下的企业会计实践教学案例库，切实提升课程教学效果。

### （三）创新拟解决的核心问题

大数据时代下会计人才培养机制创新需要解决的问题很多，如业财融合差、课程内容单一、对企业战略转型关注不够等。抓住大数据时代的发展机遇，实现跨学科的会计课程创新。

随着人工智能的出现，它对人类社会秩序产生了较大的影响。它不仅促进了模式的创新，同时也对会计领域产生很深的影响，如财务战略转变、流程重组等。在这样的大环境下，会计课程亟待加强其赖以依附的"智能化""共享化"保障。利用企业智能化中的创新驱动等方面的因素，实现人人财务、智能财务、战略财务、业务财务等。与此同时，借助企业智能化财务中的共享数据，推动企业实现数字化转型，并在此基础上形成"业财融合"和"业财一体化"的会计人才培养机制。

## 四、会计人才培养机制优化策略

### （一）实施方案优化

在"互联网＋财务"的影响下，企业管理结构逐渐朝着扁平化方向发展，在这样的大环境下，企业开始探索新的会计人才培养体系，即将"财务共享""财务云""智能化"融入其中。此外，企业也从销售、投资、采购、筹资等多个决策角度入手，努力构建一个基于成本管理、预算管理、信息搜集以及资金处理等业务流程的会计理论和实践课程的信息化转型。

从会计行业生态角度出发，探索会计行业当前所面临的困难，并积极寻找会计行业未来的转型方向。具体来讲，目前财务人员面临诸多困境，如账面价值无法与公允价值相匹配、信息技术发展、信息披露无决策价值、非 GAAP（公认会计原则）报表应用增长等。在"互联网＋财务"快速发展的环境下，我们应转变传统观念，并将"非财务数据"作为核心，积极探寻新的会计人才培养机制。具体来讲，新的会计人才培养机制应该是以"数据资产"为基础，涵盖基于客户、产品、渠道、财务四个维度，量化企业价值的会计新体系。

积极探索"智能化"时代会计人才培养新模式，即在传统会计、审计技术的基础上进行会计人才培养方案创新，从而提升会计人才的综合素质水平，如管理能力、客户服务能力、领导能力以及预决算能力等。此外，会计人才培养方案应全面体现会计与其他方面的联系，如会计与经济、会计与金融、会计与科技、会计与文化等，通过强化会计人才的跨界学习能力来培养他们把握数据、算法等方面的能力。

**（二）实施方法优化**

1. 实地调研

通过开展实地调研的方式，明确"互联网＋财务"思维模式在会计人才培养机制中的可行性方法。此外，从企业实践角度出发，深入了解企业智能化信息整合系统，同时在实践中掌握行业对会计人才培养的实际需求，并在此基础上认真听取行业前辈对目前会计人才培养各方面的建议，如会计人才的领导力、会计人才的决策力、会计人才的战略控制素质等，并对行业前辈的会计人才培养意见进行汇总，为会计人才培养提供一定的借鉴。

2. 理论与实践结合

加强理论与实践的结合，逐渐构建"智能化"会计人才培养模式。根据当前企业网络化组织结构的转型情况，以及企业对决策会计人才需求的增加，可以有计划、有目的地实施"智能化"会计专业人才培养方案改革，夯实会计专业人才的基础知识，同时提升他们的信息技术、大数据应用与管理等方面的技能。总之，在会计教学中应强化、突出大数据工具对会计理论与实践的影响。

3. 以点带面

通过以点带面的方法实现教学资源体系的建设，如以《会计学》《财务管理学》两门课程作为切入点，并在此基础上借鉴国外先进的会计人才培养理念和教学实践经验，构建包括企业战略执行、企业战略监督、企业战略制定三个层次的会计人才培养体系。在实际教学中，我们应以学生"探索式"学习为主，借助现代化信息教学技术及教学模式开展教学，以此来构建"以生为本"的会计人才培养体系。

4."研究性"教学

这种教学方法十分重视学生对会计教学目标实现程度的反馈，同时这种教学方法也改变了教学评价的被动性，在一定程度上提升了会计教学效果。具体来讲，"研究性"教学主要分为以下几个步骤：（1）教师通过建立教学授课目标的方式，明确学生需要掌握的会计基础知识内容，并形成有助于学生学习的目标。（2）形成假设，即在教学中教师通过什么方式、方法帮助学生达成教学目标要求。（3）针对教学目标，判断课堂教学效果，即学生课堂基本知识的掌握情况。（4）设计问题，教师通过什么方式、方法可以使学生掌握教学目标。（5）收集、分析、反馈数据。（6）根据数据分析情况，给出分析结果并提出相应的改进建议。（7）评述与评估。

# 第五章　大数据时代的会计信息化建设

本章为大数据时代的会计信息化建设。一共包括四节内容，依次是第一节大数据时代会计信息系统、第二节大数据时代会计信息服务平台的构建、第三节大数据时代会计信息化的运行、第四节大数据时代会计信息化体系的构建。

## 第一节　大数据时代会计信息系统

### 一、会计信息系统的运行现状

#### （一）会计信息系统的安全问题

会计信息在网络快速发展的背景下具有多种特性，经济、高效和实时性是其中的关键特性。企业可以利用会计信息系统的软件对原始的会计数据进行自动化的计算，从而得出企业管理层需求的信息和数据，这种数据的结果相比人工计算的结果有很大的优势。另外，本身的电子化系统也是对人力成本的节约。会计信息处理系统具有实时性的特点，当会计人员在系统中输入会计数据之后，能够在极短的时间内得出结果，有时可以实时地将结果输出。这种实时性为企业提供及时的数据，有利于企业尽快做出各种管理决策。所以，会计信息系统促进企业信息的工作效率，有利于企业加快发展。

会计信息系统在运行中最常见的问题就是硬件的损坏造成信息的丢失。硬件设施的功能不可替代，主要是对会计信息和计算结果的数据存储，所以，如果硬件设施一旦损坏，就会造成会计信息的丢失。同时，如果硬件的管理不当，就很容易导致硬件损坏。例如，系统的磁盘如果长期处于高温的环境，或者因为硬件设施本身的散热性差，就很容易使正在工作的系统出现故障，停止计算，或者出现计算的失误，最后使企业的数据产生错误。错误的企业会计信息也会影响领导层的决策，错误的决策势必影响企业的发展。

**（二）会计信息系统的风险来源**

1. 内部风险来源

（1）会计信息的保密性

会计信息的保密性指的是企业的内部人员在没有获得上层领导的批准下私自对会计信息进行访问，甚至对数据进行篡改和破坏的行为，最终发生风险。例如，会计人员为了达到自己的一些目的对程序和数据进行篡改，使得数据失去真实性，或者有一些非法的人员采取不正当的手段将企业的重要机密进行篡改，都属于这类风险。会计信息系统在大数据的环境下具有开放性的特点，这种特点也就导致企业的会计系统不仅仅是会计人员可以操作控制，所有的企业内部人员都能做到，这无形中就加大了信息的泄露风险，并且由于人员的广泛性，还会加大对泄露源头的查找锁定的难度。

（2）计算机软硬件技术不足引致的风险

计算机软件和硬件的技术决定了信息系统的运行情况，所以，信息技术再如何先进都不可能是完美的，都有自己的缺陷，这些缺陷也就是造成信息风险的原因。我国的电算化虽然得到了长足的发展，但是仍然不可避免地出现一定的问题，这就导致会计信息系统从"出生"就带有隐患，企业在使用的过程中也很难找到问题所在，如果出现故障，就会对企业的信息和数据造成很大的损失。

2. 外部风险来源

（1）系统关联方风险

在市场竞争的环境中，企业要想发展离不开和各方的协作，在大数据的影响下，企业要和各个关联方建立统一的外联网，这样企业就可以利用外联网查询数据，和关联方交换数据，这种外联网可以用模拟网来实现，但是外联网有一个很大的弊端，就是关联方完全可以通过网络入侵企业内部，数据盗窃和知识产权侵权就可能发生。

（2）恶意黑客

恶意黑客是指非法入侵到企业的系统中，将重要的账号和密码窃取，或者窃取一些重要的数据的行为。恶意黑客可以通过非法入侵将企业的关键程序篡改，将系统摧毁，甚至导致系统的瘫痪，这种瘫痪很有可能是不可逆的，企业最终丢失数据，没有办法正常运行，给企业带来巨大的损失。这种恶意入侵造成的危害十分大，不仅会使会计信息系统丢失，影响企业经营，还会让企业的其他信息被泄露，让公众提早知道企业的信息，不利于企业的贷款和融资等，给企业造成打击。

### （三）解决会计信息系统问题

解决会计信息系统的硬件损坏导致信息丢失的问题，需要加强企业的会计信息系统的硬件建设，减少因为硬件的问题造成企业的会计信息系统的安全问题。

首先，在购买硬件时，企业要提前将成本和质量综合分析考虑好，企业的需求和本身的经营情况是什么样的，就购买适合自己的硬件设备。其次，企业的硬件设施搭建好之后，一定要多次测试，将硬件的弱点和优势全面掌握，这样在使用时就会尽量避免弱点的使用，减少安全隐患。最后，定期对会计信息系统进行系统化检测，如果检测到问题，就要请专业人员维修或者更换硬件，保证会计信息系统的安全性。同时，企业也要对员工进行信息安全方面的培训和教育，将员工的工作积极性激发出来，树立良好的责任意识和集体荣誉感。

另外，现代的人们在生产和生活中越来越依赖互联网，中小型企业要在发展中增强自己的服务意识和竞争意识，不断提高自己的技术，让企业在生产和服务的过程中根据客户的满意度和反馈情况，不断将自己的信息优化，增强用户的体验感，最终促进自身竞争力的提高。

## 二、大数据与会计信息系统

### （一）数据与信息的关系

数据（data）是事实或观察的结果，是对客观事物的逻辑归纳，是用于表示客观事物未经加工的原始素材。信息是一种被加工而形成的特定的数据。形成信息的数据对接收者来说具有确定的意义，它对接收者当前和未来的活动产生影响并具有实际的价值，即对决策和行为有现实或潜在的价值。首先，并不是所有数据都对信息进行表示，事实上，信息属于消化了的数据；其次，信息能对现实概念进行更为直接的反映，而数据是其具体体现，因此，信息并不会因为对自身进行载荷的物理设备改变而改变，数据却不一样，数据存在于计算机化的信息系统中，密切关联于计算机系统；再次，通过对数据进行提炼、加工，我们能够得到信息，信息属于有用数据，能够为人们的正确决策提供帮助；最后，对于决策而言，信息有着很大的价值。一定量的数据包含一定量的信息，但并不是数据量越大信息量就越大。

**（二）大数据时代的信息特征**

1. 大数据时代数据信息具备数据容量大、来源广的特征

对 10 TB 以上的数据量进行分析工作才能够称为"大数据分析"，并且如此庞大的数据量需要通过信息化技术的快速发展应用获得。信息化技术的发展促进了各种现代化仪器的应用，人们可以利用这些仪器获取更多的信息数据，并通过现代通信工具克服时空限制，将信息数据进行大范围的交流传播。另外，由于近年来集成电路的普及，现代仪器趋近智能化，人们通过人工智能仪器可以将网络上各个途径的数据信息进行收集，逐步构建大数据信息库，为相关单位提供大数据支持。

2. 大数据时代数据信息具备种类多、价值高的特征

传统的数据种类是以直接数据为主，属于结构化数据，类型单一，但是大数据时代的数据信息逐步拓展到音频、图片、文档等多类型非直接数据，数据种类明显增加。另外，非直接数据信息没有因为加工处理产生折损，所以一般也具备较高的价值量。

3. 大数据时代数据信息具备个性化、多样化的特征

人们在大数据时代逐渐意识到数据分析给企业发展带来的巨大优势，于是结合各种先进的信息技术对大数据进行深度挖掘，获取自己想要的、符合个性化要求的信息。获取信息的方式逐渐普及，不同行业也对信息的多样化提出了新的要求。

**（三）大数据时代会计信息系统的风险**

1. 会计信息系统的风险

在开展会计工作时，企业会对很多大数据技术进行应用，不仅能对整理、采

集信息的速度予以提升，更能对企业整体办公效率进行提高。但是，站在另一视角来看，由于计算机控制着企业会计信息系统，因此，一旦计算机出现故障，必然会直接影响会计信息，甚至可能导致数据丢失。这种情况的发生，会使得会计信息系统出现瘫痪状态。会计信息系统呈现的分布状态为网状，所以在大部分情况下，唯有得到远程软件的支持，会计工作才能顺利进行。如果某个环节出现故障，整个系统都会受到影响，导致会计工作无法正常进行。当前，我国会计信息化中最大的风险、最大的问题就在于此。此外，假如系统出现漏洞，黑客就有可能利用该漏洞，攻击会计信息系统，导致企业财务信息的泄露。

2. 会计信息数据的风险

信息化发展至今，所展现的典型特点之一就是在会计信息化中应用大数据技术，能够轻松地对形成的电子数据进行修改，同时不会造成痕迹的遗留。此外，将大数据技术应用于会计工作中，一方面能将科学共享的信息化平台建立起来，另一方面还能对企业会计信息化的成本进行降低，对会计信息化效率予以提升。但是，要注意的是，在此过程中，由于电子数据被储存于硬盘中，很容易在使用时对磁性介质进行覆盖，且这种覆盖是难以得到还原的，这也会阻碍会计工作。因此，在使用会计信息系统时，企业内部员工要慎之又慎地修改数据，要认识到每个数据都可能对企业造成难以弥补的损失。如果会计人员不慎删除了企业和其他企业合作的财务数据，就很难找回，一旦企业和其他企业在合作中出现矛盾、纠纷，就会缺乏有力的辩驳证据，将处于劣势地位。

3. 行业竞争的风险

置身大数据背景下，将云计算、物联网等方式进行结合，能够提高其使用率、普及率，将更多的便利带给人们的工作与生活。但是，大数据技术在得到普及与应用时，也将新的压力带给企业，让行业之间、企业之间有着越发激烈的竞争。在这种情况下，部分企业会利用一些不正当手段获取与其他企业相关的会计信息，甚至雇用专门的黑客，让他们对其他企业的会计网络进行攻击。通过利用专门技术，黑客能够对与其他企业相关的会计数据进行修改，对企业的数据库进行破坏，使得该企业的会计系统呈现瘫痪状态，导致企业承受巨大损失。上述不正当的竞争手段会严重扰乱我国经济市场的氛围。

### 4. 网络病毒的风险

随着会计信息化向前迈步发展，网络病毒也在悄无声息地发展变化。对于信息而言，无时无刻不在承受着网络病毒的威胁。网络病毒不仅能够借助磁性介质进行传播，还能够通过网络进行传播，且传播速度极快。会计信息系统只要被网络病毒非法攻击，就很有可能出现瘫痪，更可能向公众传播，公开企业的财务系统，这严重影响企业发展。此外，在计算机中，有的病毒存在非常隐蔽，只有满足特定情境，才会开始传播。所以，长期以来，企业会计工作都具有一定风险，不知何时就会遭受病毒攻击。

### 5. 信息平台安全风险

步入信息化大数据时代，企业信息安全直接影响企业财务的工作质量，甚至对企业的综合发展也产生影响。一个企业的命运，很大程度上取决于是否能对自身商业机密进行保守。企业会计信息就是一项至关重要的机密，极大地影响着企业的生存与发展。尽管在当今企业发展中，会计信息化是无可避免的发展趋势，然而通常来说，不会有企业愿意主动将自身的会计信息发布在共享平台上。其原因在于，将会计信息发布在共享平台上存在众多安全问题，有待进一步完善，如果企业在共享平台上发布会计信息，很可能会被不法分子以及竞争对手窃取机密文件，严重影响企业的生存与发展。因此，我们亟须通过相关法律法规以及标准化制度对会计信息共享平台进行管理，防止暴露会计信息。

## （四）大数据时代会计信息系统的构建对策

### 1. 完善会计信息系统功能

置身大数据背景中，想要在企业财务管理中充分发挥会计信息系统的重要作用，企业应当对会计信息系统的功能模块优先考虑。在实践中，企业需要以云计算为基础，以大数据技术为前提，立足自身的实际情况，将会计信息系统建立起来并进行完善，保证会计信息系统能够行之有效地起到作用。通常而言，大数据技术的特点为信息处理速度快、数量大，而云计算技术的特点为具有灵活性、高适应性，通过对二者进行利用，能够对企业以及各个合作者的需要进行更好的满足。此外，在对会计信息系统进行完善的同时，企业也要对市场准入制度以及行业标准进行积极了解，从而对自身存在的问题及时发现、及时解决。

2. 针对会计信息系统做好防范工作，保障数据信息安全

我们都知道，置身大数据背景中，各种先进技术（如网络技术、计算机技术）应用越发广泛，如果我们想要发挥会计信息系统的作用，就需要得到上述先进技术的支持。然而，如前所述，立足另一视角，由于计算机网络具有开放性，因而存在一定的风险，易受病毒攻击、黑客侵袭，在这种情况下，会计信息系统中的数据信息所遭受的安全威胁是巨大的。所以，当企业将会计信息系统建立起来后，为了保障数据信息安全，使之能真正起到作用与价值，就应当针对会计信息系统做好安全防范工作。例如，将防火墙建立起来，对具有相关专业知识的人才进行引进，对数据安全进行全方位保护。

3. 进一步强化会计信息化人才建设工作

各项工作的顺利开展，最重要的、最关键的还是在于"人才"。置身大数据背景中，想要进一步推动会计信息化事业发展，就要强化人才建设工作。然而，现如今，既精通计算机技术又精通会计知识的复合型人才处于紧缺状态，所以，我们亟须对复合型会计信息化人才进行培养。我国可以着眼于教育领域，对会计教育改革进行推进，在会计专业的相关课程中合理融入会计信息化理念，从而将更为完善的会计信息化教育环境构建起来，将更多优秀的复合型会计信息化精英输送给社会。除此之外，企业也应当对会计人员进行在职培训，并进一步强化培训力度。通过开展讲座、实践训练、会计继续教育培训等方式，对会计人员的专业基础知识不断强化，使他们不断提升专业技能，向着会计信息化人才迈进，最终在会计信息化事业发展中注入强大动力。

## 三、构建会计信息系统路径的保障措施

### （一）信息技术应用标准

信息技术应用标准主要是为了规范信息技术在会计领域中应用的各个事项，如管理事项、工作事项、技术事项等。例如，企业中的会计信息生产者在工作时需要将企业会计准则作为其工作的基本准则，并在此基础上结合自身的会计专业知识及工作经验处理企业的各项财务信息，并生成财务报告。企业内部审计人员，即会计信息的审计者按照企业会计准则标准，对企业的各项会计数据、财务报表

等内容展开审计。会计信息的使用者在结合数据分析标准的前提下，对大量的会计信息数据进行整合、分析、统计，为企业管理层的决策提供相应的依据。由此可见，企业信息技术应用标准的构建，在一定程度上可以实现企业会计信息的整合、利用，这对企业的经营、管理都有十分重要的作用和意义。

### （二）会计信息资源标准

会计信息资源标准的适用范围是会计信息资源本身。随着会计信息化的深入开展，会计信息的地位越来越重要，其资源化属性也日益明显，企业会计信息资源的利用能力在一定程度上反映了该企业的会计工作水平，同时也会在一定程度上影响企业的经营效益。从某种意义上讲，构建会计信息资源标准的主要目的是完善企业会计信息处理流程，同时提升企业会计信息资源的利用价值。一般情况下，按照会计信息的状态可以划分为三个阶段：第一，初始状态。会计数据最初产生在企业各个部门的经济活动中，通过会计信息系统实现企业会计原始数据的收集。通常情况下，企业各部门经济活动中产生的各种原始数据会掺杂诸多无效数据，这些会计信息不仅没有利用价值，同时还会在无形中增加企业会计数据处理负担。第二，中间状态。该阶段主要是对企业原始会计数据进行加工处理，去除那些无效、数据来源不明的会计数据，从而提升会计数据的利用价值。第三，终极状态。企业会计工作人员利用自身的会计专业知识、工作经验，按照会计信息资源标准对筛选出来的会计数据进行分类整理，并生成相应的数据报告，为企业管理者提供准确的财务数据，这样可以提升企业会计信息资源的利用价值。

### （三）会计信息安全标准

会计信息安全标准主要是为了规范企业会计信息安全的有关工作事项的标准，如基础事项、技术事项以及管理事项。会计信息化发展是一把双刃剑，在让会计数据成为一种重要资源的同时，在开放网络的环境下，企业的会计数据也面临泄露、丢失的风险。因此，为了保障企业会计信息数据的完整性和安全性，务必要构建会计信息安全标准。具体来讲，会计信息安全标准包含以下几种：物理安全标准、网络和系统安全标准、数据安全标准等。物理安全标准主要针对的是会计信息系统中的各个软件、硬件的运行环境，如硬件更换标准、硬件和软件日常维护标准。此外，还要定期检查会计信息系统中的硬件设施，并更换那些存在安全隐患的硬件设备。网络和系统安全标准主要针对的是会计信息系统中的防火墙技术、入侵检测技术以及漏洞扫描技术等。数据安全标准主要针对的是会计信息的存储和传输环节，通常情况下，常用的保护措施有加密、数据备份、数字签名等。此外，还可以通过启用使用用户权限的认证方法保护数据存储和传输的安全。会计信息安全标准的构建可以在最大程度上提升企业会计信息的安全性，为企业会计信息资源价值的发挥创造良好的内部环境。

### （四）会计信息化产业标准

会计信息化产业主要指的是与会计信息化相关的部门，此外还包含市场上与会计信息化相互关系的集合。会计信息化产业业务所涉及的领域较多，如会计信息生成业务、交换业务、审计业务，与此同时，它还涉及会计信息系统的开发业务以及会计信息系统后续的软件评审业务等。按照标准内容的不同，我们可以将会计信息化产业标准分为两种类型：第一，会计信息化业务资格标准。这个标准主要是为了判定一个企业是否具有开展会计信息化业务的条件、资质。具体来讲，其判定标准有人力、物力、管理等方面的条件。其中，人力条件主要包含了企业会计从业者的会计专业知识水平、工作经验以及信息技术应用水平等多个方面。第二，会计信息化业务质量控制标准。该标准主要是为了构建会计信息化质量控制制度。将会计信息化业务质量控制制度应用在企业会计工作之中，可以实现企业会计信息化的动态管理，从而真实地反映企业的业务水平，这对提升企业的会计信息质量也有积极意义。此外，在会计信息化产业标准的作用下，企业会计信息化发展进程将会加快。

### （五）会计信息化人才标准

会计信息化人才标准的主要目的是规范会计信息化相关人才的工作和管理的标准。从会计工作人员的职业生涯发展来看，我们可以将会计信息化人才的培养方式分为四种，而每一种培养方式之下设置一套与之相适应的会计信息化人才标准。第一，培养性开发方式。目前有很多会计人才培养性开发主体，如高等院校、培训机构等。同时培训内容也受培训对象的影响，如果培训对象是会计专业的学生，那么其培训内容不仅包含了会计基础知识理论，同时也会涉及一些会计信息化技能；如果培训对象是会计从业者，那么其培训内容主要是以会计信息化技能为主。第二，政策性开发方式。这种方式主要是以行政管理部门、行业组织为主体，并在参照会计行业职业道德标准的基础上对会计从业人员进行职业道德培养，在提升从业会计人员职业道德的基础上，使他们更加胜任会计岗位。与此同时，还会对会计从业人员进行职业道德的评审，不断完善会计职业资格管理。第三，使用性开发方式。此种方式主要是以用人单位为开发主体。具体来讲，用人单位结合企业会计岗位标准，对现有从业人员进行使用性开发，如岗前培训、入职定期培训等，以此不断提升企业会计人员的综合素质水平，提升其岗位胜任力。第四，提高性开发方式。这种人才开发培养方式主要是以高等院校和社会培训机构为主体，它们为会计从业者提供继续学习、深造的机会，并通过专业的培训方式来提升会计从业人员的会计专业水平和会计信息技术水平，使会计从业人员获得更高的职业资格证书。

## 四、有效提高会计信息系统应用效果的策略分析

### （一）全面完善企业内部的会计信息控制系统

构建企业内部风险控制机制，对于一个企业而言十分重要，它是企业稳定发展的有力保障。市场经济环境是一个持续变化的环境，因此企业应结合市场整体变化情况，对企业会计信息控制系统进行完善。当市场环境发生变动时，市场竞争也会随之发生变化，如果此时企业还在沿用之前的发展体系，那么企业的发展方向很难与市场发展方向相适应。为此为了保障企业会计信息系统与企业发展变动的同步，需要深入完善企业信息控制系统。从发展的角度来看，完善企业内部会计信息系统控制机制之前，需要站在客观的角度深入分析企业外部的经济环境以及限制企业发展的内部因素，与此同时，将行业内部的发展情况、经济市场变动情况以及社会整体经济环境的变化结合起来展开深入思考。

另外，企业也应从客观角度分析自身在发展中的优势与劣势，并在此基础上系统地、深入地调整企业会计信息系统，从而建立起完善的风险控制基础。具体来讲，企业在会计信息系统控制岗位人员招聘方面，不仅要关注应聘人员的专业能力和核心素养，同时还要对其入职后的日常工作情况进行深入的考核，并做出全面的评价。在确保企业工作人员基本素养过硬的前提下，全面评价工作人员与

企业会计信息系统控制岗位的匹配度，然后结合评价结果灵活调整会计工作人员的工作岗位，从而保证企业会计部门的工作效率。

除此之外，在结合会计具体工作岗位职责的基础上，企业还应对会计工作人员进行职位测试。对于企业而言，不仅要最大程度上避免会计信息系统自身的风险，同时还要保证会计工作人员有较强的风险应对能力。在会计工作人员职位测试的基础上，对会计人员展开风险教育，使他们逐渐树立良好的风险控制意识，并自觉参与、组成会计风险管理体系，从而提升会计信息系统所提供的信息的准确性，当企业面临会计风险时可以做到应付自如，降低或避免风险危害，进而保障企业的社会经济效益。从专业性角度来看，会计信息系统的运行对工作人员的专业素质要求非常高，为此企业可以适当地介入监察管理人员，抑或是与第三方机构合作，提升企业对会计信息系统控制机制的监测。

**（二）增强企业会计信息系统的网络安全管理力度**

想要使会计信息系统更上一个台阶，提升其工作效率和质量，就需要加强网络安全管理力度。同时想要完善会计信息系统，则需要加强对企业内部网络信息安全的管理力度。

第一，企业管理人员的网络安全管理意识十分重要，只有他们意识到其重要性，才可以有效地加强会计信息系统的网络安全管理力度。在提升企业管理人员网络安全管理意识的前提下，引导他们主动学习网络信息安全理念、网络信息安全知识等。此外，企业管理人员应积极开展会计信息系统网络信息安全分析工作，积极分析其中存在的安全隐患，同时聘请专业人员设计预警机制。在具体的系统优化过程中，企业需要增加对网络安全管理机制的优化力度，从而控制在会计信息系统运行中出现的网络风险问题。具体来讲，主要通过以下途径实现：首先，当登录会计信息系统时，会计信息系统会自动地识别用户输入的验证码和指令。其次，会计信息系统通过用户实名信息对用户身份进行认证。最后，会计信息系统会自动分析并审核用户账号信息的安全性。当对这三项安全内容验证之后，会计信息系统会对最后的质量执行结果进行分析，并对用户的身份的使用权限进行判断。

第二，在大数据时代环境中，大部分的计算机软件存在运行数据多、更新周期短的特点，所以想要保障会计信息系统的稳定运行，需要定期对会计系统进行更新，并及时处理检测中发现的问题，避免会计信息的泄露。同时为了提升网络安全管理机制水平，还需要及时更新会计信息系统，使之一直保持最新的状态，这在一定程度上也可以降低会计信息泄露的风险。总之，只有及时更新会计信息系统、优化相应的网络访问机制，才能形成比较安全的验证机制，确保会计信息的安全性、完整性。

第三，在优化会计信息系统时需要坚持全面的原则，不仅要优化运行系统，同时也要优化系统的内部配置、网络配置，实现全方位提升企业会计信息安全程度。在对企业会计信息系统进行优化前，会计工作人员需要对数据中心的原始数据进行备份，防止在会计信息系统更新过程中发生会计信息数据丢失。具体来讲，企业可以按照重要程度的标准将数据进行分类存储，并对企业会计信息数据进行逐层加密和严格审核。此外，加强对信息备份机制的优化，逐渐提升其安全性能，为企业的健康稳定发展保驾护航。

# 第二节　大数据时代会计信息服务平台的构建

## 一、会计信息服务平台的构建

### （一）会计信息服务平台的提出与发展

20 世纪七八十年代，阎达五教授与杨纪琬教授就曾经指出，会计制度不仅要服务于企事业单位微观经济，更要服务于国家宏观经济管理与决策。1988 年 6 月，《会计研究》上刊登了陈毓圭、余秉坚的论文——《进一步解放思想 加快和深化会计改革》，在论文中指出，要对会计信息服务平台进行建立，并作为改革会计管理体制的主要举措；要对统一的会计准则进行建立，并以此为基础，将会计工作管理部门建设为面向所有实行独立核算的单位与企业的会计信息服务平台。会计信息服务平台根据会计报告制度的要求，遵循统一的会计规则，统一对各种会计信息进行收集、储存、整理、加工，对数据的真实性、可比性以及利用效果进行提升，将财务会计咨询、会计信息服务提供给政府、企业与其他社会各方；要对当前时效较差、数据失真、口径不一、指标繁杂、信息不全、多头管理的状况予以克服，将提供及时、准确无误、信息齐全、指标统一、资料共享、数出一门的会计信息处理系统建立起来。

1991 年 7 月，财政部印发《会计改革纲要（试行）》，明确了会计改革的两大目标，其中之一就是对会计信息服务平台进行建立。1995 年 7 月，财政部发布《会计改革与发展纲要》，正式提出"建立会计信息服务平台，有效利用会计信息资源"的总体目标。随后，财政部也积极地进行探索与实践。

1992 年，在对已有试点进行巩固与总结的基础上，财政部在山东省莱芜市又设立试点。通过行业主管部门收集财务信息，随后向财政局的会计信息服务平台进行报送，继而汇总、分析，为地方宏观经济决策提供了更为全面的信息。财政部有关领导及学者纷纷肯定了这一试点，认为构建会计信息服务平台能有效地服务于宏观管理。然而，受到当时体制以及条件的局限，我们没能在全国推广会计信息服务平台。这是因为当时企业信息化程度较低，主要的财务记账手段仍是手工记账。此外，不充分的数据利用、不统一的数据标准以及对管理体制的调整，都对会计信息服务平台在全国的推广产生了不利影响。

伴随新形势的到来，构建会计信息服务平台的热潮出现复苏。1983 年，美国证券交易委员会着手建立能够对全国会计信息进行收集的数据库，即 electronic data gathering, analysis and retrieval system，简称 EDGAR。2001 年，它开始对 XBRL 形式的财务报告进行提供，便于信息使用者获取财务信息。2010 年，我国财政部与国家标准化委员会分别颁布 XBRL 的通用标准和技术规范。2011 年，由财政部会计司承担的《基于 XBRL 的标准财务报告平台建设及示范应用》这一国家科技支撑项目顺利通过验收。在部分基层财政部门，会计信息服务平台得到了应用，并有所发展。例如，张家口市对行政事业单位的会计信息化平台进行建立，将监督、管理集于一身，对会计信息的实时监管、资源共享、数据互通、标准核算，极大地实现了现代化管理水平的提升。基于 XBRL，艾文国等研究者设计了国家会计信息服务平台。为了改革的顶层设计，国家必须对微观主体的财务信息进行掌握，全方位地分析区域、行业，从而更好地解决各级政府面临的改革问题。

**（二）会计信息服务平台的系统构成**

会计信息服务平台是会计人员利用计算机技术、信息技术完成业务事项交易、确认、计量、存储与报告工作，并用于企业决策。会计信息服务平台中主要包括会计业务管理系统、会计信息资源管理系统、会计决策支持系统以及其他辅助系统。

1. 会计业务管理系统

会计业务管理系统主要承担的任务是传输、储存、处理、收集会计信息，从而对企业的经营现状进行反映，同时进行有力控制、全面监督。会计业务管理系统旨在对会计信息处理效率进行提升，促使相关会计工作人员对烦琐复杂的会计信息进行高效处理。所以，会计业务管理系统对信息加工处理技术、信息组织技术非常注重。相较于传统会计信息系统，会计业务管理系统能够更加具体、全面地对主体经营活动进行反映。随着信息化时代的全面到来，就当前企业发展需求来看，已难被二维会计信息所满足。所以，会计业务管理系统要对"人"的信息进行全面引入，更加凸显信息资源。会计业务管理系统要对现代化技术（如网络通信技术、多媒体视频点播技术、计算机网络技术）进行充分利用，将企业的会计信息仓库建立起来，实时传输各种烦琐复杂的会计信息。

2. 会计信息资源管理系统

会计信息资源管理系统主要对企业的各种信息内容进行管理，通过对各种类别的数据资源进行高效整合，对企业外部决策效率予以提升，对企业内部控制管理予以强化。在加工处理多种信息之后，会计业务管理系统会向会计信息资源管理系统进行传送。当然，会计信息资源管理系统的内部信息更多来自企业供应链，而非仅仅来源于会计业务管理系统。除此之外，站在企业发展角度看，不仅经济活动中产生的信息是有价值的，国际、社会、文化、政治、科技等多方向的信息内容同样是有价值的。所以，会计信息资源管理系统有着广泛的信息来源，这样，当企业进行决策管理时，不仅能对财务信息进行参考，也能对多种多样的非财务信息进行参考。同时，不仅能对企业自身的内部信息进行高效管理，也能通过对外界评价信息的综合，将前瞻性的、全面的决策建议提供给企业，从而帮助企业实现更大价值的创收。

现如今，在企业中应用最多的信息化工具当属 ERP。同时，ERP 也是信息资源系统中最为典型的一个。企业会计信息资源管理系统要对 ERP 系统进行积极利用，帮助工作人员完成严谨推理、科学判断、全面分析等内容，从而为经济结构的优化、企业产业的增值提供更为有效的信息。

### 3. 会计决策支持系统

会计决策支持系统采用人机交互模式，凭借人工智能技术将各种数据信息提供给管理者，辅助他们进行决策。会计决策支持系统主要由模型库、方法库、数据仓库三个方面构成，旨在对会计信息仓库中半结构化、非结构化的决策问题进行解决。数据库信息由会计业务管理系统与会计信息资源管理系统提供，从而将有效的会计数据信息提供给决策者。模型库主要对类似于筹资模型、预测模型等管理模型进行保存。方法库和成本计算、量本利分析等计算方法十分相似。会计决策支持系统的理论基础主要为控制论、管理科学、运筹学、行为科学等，主要手段为人工智能技术，借助来源自会计信息资源管理系统的众多信息，对决策者进行辅助，使他们能做出更高质量的决策。会计决策支持系统，需要密切跟随国际发展共享，对先进技术进行引进，将更适合企业发展的模型创设出来，将更为合理、科学的决策建议提供给企业，促进企业发展。

### （三）我国会计信息平台构建存在的问题

#### 1. 建设会计信息平台人才的缺失

（1）复合型会计信息系统人才不足。所谓复合型会计信息系统人才，就是既能对计算机进行熟练运用，又对会计专业知识有着深厚积累的人才。然而，现如今，我国大多数企业中都缺乏复合型会计信息系统人才。同时，伴随信息化持续升级，会计信息化也对会计人员提出了越来越高的要求。我们必须看到，当前很多会计人员已经无法与时代需求相适应。

（2）会计人员未能深入认识会计信息平台。当前，在大多数企业中都存在如下问题：未能正确评价自身的信息化基础、管理不善。企业能否发现自身的问题，决定着企业会计信息化的目标，更直接影响着企业会计信息化实施是成功还是失败。然而当前，企业中的会计人员对会计信息平台没有足够的认识，这对企业会计信息化实施来说有着很大的不利影响。

#### 2. 自身的会计信息系统不健全

（1）会计信息系统未具有足够的安全性。企业的命脉在很大程度上受企业经营管理活动安全性的影响，而企业经营管理活动的安全性又密切关联于会计信息的安全性。会计信息的安全性是会计信息化的核心，也是企业开展电子商务交易的前提条件，更是进行会计监督的保障。然而，在部分外界因素的影响下，会计信息化尚未具有足够的安全性。

（2）对账务处理功能更为重视，而非管理功能。会计信息系统是企业信息系统中的一个子系统，更倾向于管理层面。当前，企业只是对财务软件中的会计核算功能进行利用，没有充分利用系统中的管理职能。

3. 外部环境影响会计信息系统发展

有关会计信息化安全的制度、法规较为落后，是外部环境对会计信息系统发展影响的主要体现。技术条件、核算、电算化等因素的变化，都属于企业外部环境的变化，都会影响财务活动，其中财务报告的编制、错账更正方法以及会计账簿的等级对财务活动有着较大的影响。当前，并没有完善的制度对企业外部环境进行规范，在会计信息系统的安全管理方面，力度不够，较为松散，未能将完善的安全防范系统建立起来。

4. 引入会计软件的盲目性

伴随信息化的迅猛发展，我们在对 ERP 系统进行运用时，会涉及越来越多的领域，这也使得在运用 ERP 项目时，企业管理者存在盲目性。通常来说，企业管理者会根据 IT 专业技术人员的建议进行选型，或者根据基层管理人员的建议安排实施，在软件类型选择以及供应商选择方面，没有较强的管理力度。部分企业在选择供应商时，并未重视 ERP 上线后的作用，仅仅注重价格高低和产品功能。同时，也有部分企业对 ERP 系统所起到的作用有过高的估计，认为它上线运行后，能够解决企业面临的一切问题。实际上，ERP 系统上线运行后，企业还应提供相关的数据、相应的配套设施，对它加以完善。

## 二、大数据时代会计信息服务平台的构建分析

### （一）大数据时代会计信息服务平台的构建问题

当前，由于会计信息服务系统和其他信息系统之间没有较高的集成程度，因而业务板块之间存在信息难以互通的问题。例如，业务系统与财务系统相分离，无法收集分布在不同存储器与系统上的业务数据，容易导致信息"孤岛"问题。

在这种情况下分析财务数据，所得到的结果无法有效支撑业务活动的开展。财务部门承担对相关数据信息进行采集的工作，需要固定资产管理人员、出纳、会计共同配合，而这也导致重复采集数据情况的出现，让数据汇总工作变得更加艰难，也会导致财政资金的浪费。在分析数据信息时，系统整体信息反馈不及时，较为迟缓，无法保障高效化、智能化处理各类收支信息，难以实时地、全面地掌控各类资金信息，导致未能将大数据生态在会计集中核算中建立起来，这些都阻碍了会计信息的利用与共享。

### （二）大数据时代会计信息服务平台的构建策略

1. 做好数据中心规划

在会计信息服务平台的构建实践中，我们需要做好数据中心规划。

当各单位的财务管理系统实现统一建设后，应当将智能财务信息平台在数据中心建立起来，通过对数据库进行利用，得到数据资源存储与采集能力，并对云计算、大数据等算法进行利用，智能化挖掘数据信息，为实现平台各项管理功能提供强有力的技术支撑。

对云平台进行搭建，要将 IaaS（基础架构即服务）布置在系统底层，对各种软件资源、硬件资源进行集中，让计算能力、存储能力得到提升；要将 PaaS（平台即服务）布置在中间层，对软件开发、数据安全管理、数据分析等服务进行提供；要在最顶层对 SaaS（软件即服务）进行利用，对云会计加以构建，提供软件、硬件应用模式，借助互联网、分布式计算等支撑，实现在线会计集中核算。

通过用户终端，各单位能够进入数据中心的智能财务信息平台，在该平台上传原始凭证等内容，并通过智能财务信息平台对有关数据信息进行获取。经过总部财务人员审批后，能够完成各单位信息流、资金流的深度分析，进行预算管理、资金管理，保障严格执行预算计划、经费开支标准等内容。

2. 做好平台数据分析

对会计信息服务平台进行搭建，需要系统分析、处理所收集的各类数据，确保高效开展会计信息服务工作；要能依照会计科目完成数据分类，对数据分析模型进行建立；要能凭借设置算法、指令规则，完成数据整理、数据分析，同时通过对报警阈值的设置强化监督管理。在实际核算的过程中，由于不同企业有着不同的业务，因而需要从业务架构、特点以及关注的关键指标出发，对模型进行设定。我们可以首先设定日常科目的核心常量，如固定费用、系数；其次，对应用场景、历史数据进行分析，获得固定公式；最后，对假定条件进行设置，将公式修订完成。要将各类模型，如业绩预测模型、费用模型等建立起来，对多种分析方法，如关联分析、变动分析、结构分析等进行采用，从而确保能够智能、集成地分析和处理会计信息数据，对会计信息数据中的异常进行捕捉，科学预测数据变化规律。结合预算、设定费用等各项阈值，我们能够将超标报警及时发出，将财务职能从核算方向推向决策方向。

3. 做好数据集中部署

按照会计信息服务平台建设思路，应集中对信息系统和服务平台进行部署，依靠集成化建设，对统一信息系统技术标准进行构建。通过在系统内达成集成规范的固化，系统间能够进行互联互通，各业务系统和各层级能够实现深度集成，更有力地支持数据融合与共享。立足平台架构角度，它含有两部分内容，分别是硬件与软件。硬件包括信息安全设施、网络传输设施、数据存储及处理设施、云计算平台，可被用于完成数据存储、数据处理、数据传输、数据采集等操作。软件则对模块化设计方式进行采用，包括多种子系统，能够形成多维数据结构。软件包含两个部分：其一为项目管理系统、物资采购系统、资产管理系统、生产经营系统等业务子系统；其二为会计财务研判、分析、预测、核算等财务子系统。

## 三、大数据时代基于云会计信息服务平台的构建分析

### （一）云会计概述

1. 云会计的定义

所谓云会计，就是置身云计算环境的会计工作。云会计的实质就是对云技术进行利用，在互联网上将虚拟会计信息系统构建起来，对企业的会计管理、核算等内容进行完成。云会计将对会计工作信息化发展起到强大推进作用。

2. 云会计的特点

从传统意义角度看，企业认为，自己购买的会计软件属于"产品"，会在购买后，在计算机操作系统中进行安装。然而，在云会计框架下，企业向线上服务提供商购买的并非会计软件的所有权，而是使用权。

### 3. 云会计的优势

对于现代企业财务管理信息化而言，云会计可谓一把"利器"。"远程操控"是云会计的一大显著优势。置身云会计环境中，会计信息在"云端"得到共享，会计人员可以登录计算机、平板电脑、手机等终端，对会计业务进行随时随地的处理，从而实现自身工作效率的提升。企业管理者可以实施挖掘、分析融合后的非财务信息与财务信息，系统而全面地预测、识别企业经营风险，并进行应对与控制，从而让企业柔性适应市场变化。

### 4. 云会计的其他问题

虽然云会计的应用能带来诸多便利，但是在对云会计进行采用问题上，考虑到会计信息安全性问题，很多企业依旧选择观望。以云计算的部署模式为基础，同一云端存储着大量数据，假如云存储中心被人攻击或破坏，将产生难以承受的后果，影响无数企业。假如由于意外，企业的核心数据出现泄露，被其他公司得到，那么造成的后果也是十分严重的。企业会计信息化实施的成效，在很大程度上受到云会计服务提供商的影响，所以，企业应当对云会计服务提供商进行慎重选择。在对云会计服务提供商进行选择时，需要综合考虑服务提供商的信誉、服务价格、对外服务、规模等因素，同时也要对云会计服务的技术支持、可扩展性、可定制性、稳定性、安全性进行考虑。

## （二）大数据时代云会计信息服务平台的构建

### 1. 大数据时代云会计信息服务平台构建的必要性

当前，我国综合实力持续提升，信息化社会大步发展，在企业会计工作中对大数据技术进行应用，能够有效地对企业核心竞争力进行提升。有很多因素会影响企业的发展历程，如消费者的评价、市场占有率等，假如不思创新，始终对传统工作方式进行延续，那么企业需要投入大量的人力、物力资源以完成收集信息工作，也会导致会计工作难度的增加。然而，在会计工作中对大数据技术进行应用，有利于企业对大量有效信息进行收集，使企业的业绩水平得到真正提升，同时还能让企业的综合实力在激烈的行业竞争中得到提升。在社会经济飞速发展的浪潮中，大部分企业不断扩大发展规模，内部员工数量也越来越大，此时，市场需求也对企业进行刺激，要求其业务规模不断扩大。相较于传统的发展形式，新的发展形式为企业带来更多的信息与事务，也要求企业具有更高的运行效率。基于此，我们必须将大数据技术应用于企业会计工作中，从而让信息收集更加精准、高效，降低资金使用成本，让企业的成本结构逐渐变得科学化，也使得企业的运行效率不断提升。

传统的会计核算要想与 IT 技术快速发展的时代相适应，就必须实现信息化。将大数据思维注入会计工作中，能够推动企业应用各种管理系统，建立会计的财务数据管理系统并进一步完善，同时有效控制企业风险，对企业的财务风险进行精准识别，对企业的会计信息化水平进行提升。一方面，应用大数据、云计算等新兴技术，能够方便企业对信息进行实时的采纳与收集，保障信息计算、处理更加快速、规范，继而有效改进企业的各项经营管理要素，对企业的市场竞争力进行提升，防止浪费人力与物力。在有效利用各种信息资源的基础上，企业的会计信息化水平也随之提升。另一方面，构建云会计信息服务平台有利于对会计信息化系统进行完善。置身互联网大数据时代，企业有着越来越大的数据规模，对于企业管理来说，很重要的一部分任务就是存储、分析数据。通过云计算的发展，企业数据信息的存储空间得以扩大，也有了更加完善的技术分析。通过运用这些技术，企业能够更加高效、准确地处理库存、销售、采购、利润、费用、成本等各方面的数据，实现更为精细的会计分析，充分发挥会计的优势，将准确无误的信息提供给企业管理者，帮助他们做出更为正确的决策。

2. 大数据时代云会计信息服务平台的构建策略

（1）要对大数据共享平台的使用层级进行完善，对权责明确的管理体系进行搭建。第一，要保障企业财务决策人员拥有最高管理权限，能够对会计全流程的数据信息（入账、拨款、核销信息等）进行审批，还能够对下级会计人员的权限进行管理与限定。第二，要对基层会计人员在自身负责环节的实名管理权限进行保障，同时对其他环节的浏览权限予以设置。第三，部分业务部门存在与会计部门共享信息的需求，可以将只读权限设置给相关人员，使他们能够对企业的发展动向进行把握，对企业的财务状况有所了解，及时对企业相关会计信息进行获取。之所以只为上述相关人员设置只读权限，而未让他们具有修改权限，主要是防止他们为了获取自身的业绩利益，对会计信息擅自进行修改，从而更好地保障会计信息的质量。除此之外，无论哪一级使用者，只要开通了大数据会计信息一体化共享平台使用权限，我们就要进行账号设置，落实一人一号，防止出现权责不清、推诿扯皮的现象。

（2）应当对会计信息一体化建设中的监管层级体系进行完善。从技术层面看，依托大数据共享平台的会计信息一体化系统专业性更强，同时，由于平台中与资本有关的会计信息紧密关系着企业的生存命脉，因而应当进一步提升管理的严谨度。在建设平台的过程中，可以通过时间管理、流程管理进一步完善监督管理层级。针对流程管理，企业应对权责明确的流程清单进行设置，结合市场动态、会计准则，对流转体系进行搭建，确保职权平行的独立使用者分散地享有各项会计信息的录入、复核、签批、核报权限，对会计信息在企业内部的公开工作予以保障，实现权责相互监管、制衡的效果。针对时间管理，企业可以对会计信息公开报告定期归档整理，向企业员工主动对会计信息进行披露，从而实现全民监管。

# 第三节　大数据时代会计信息化的运行

## 一、大数据时代会计信息化建设的分析

### （一）大数据环境的特点

#### 1. 具有更大的信息容量

无论从数据种类方面看，还是从数据数量方面看，大数据环境都称得上对传统数据的延伸与补充。我们都知道，一般来说，以 TB 为单位对数据的体量进行计算，1 TB=1024 GB，而如果换算为字符，我们所得到的数字是极为庞大的。全球的数据存储量正逐年增长，置身大数据环境中，企业对大数据进行运用，能够对各种数据进行联合使用，凭借强大的信息处理能力对各种不同的处理方案进行优化。

#### 2. 具有较为突出的关联性

实际上，大数据的处理能力十分近似人类的大脑。大数据的处理能力比传统的数据处理能力更为强大。例如，在企业的会计信息化工作中，如果我们通过传统的数据处理方式处理记账信息，一般会在 Excel 中进行存储，即制作平面表格。

然而，置身大数据环境中，我们可以多层分类存储数据信息，对用户的特征进行及时捕捉与分析，体现出更强的逻辑性、关联性，而非模式化地计算、存储表格中的信息，这种处理过于简单。

3. 具有很快的处理速度

大数据技术演化自数据挖掘技术。大数据技术比传统的数据库处理技术拥有更强大的对数据信息进行筛选、查找的能力。在实践中，大数据处理技术包括流处理、批量处理两种不同的方式，无论哪种方式，都能快速对数据进行处理。

### （二）大数据环境对会计信息质量的影响

1. 正面影响

（1）提供会计信息资源共享平台

在大数据环境下，会计信息的流动性和获得性不断提高，会计信息的可利用程度也将有利于促进企业、政府和监管部门之间的信息互联，从而切实推动会计信息质量的优化提升。

（2）海量会计数据库更新快

会计信息具备更高的时效性。会计信息的处理和更新速度越来越快，新的会计信息不断地被上传，在某种程度上满足"及时性"的要求，并具有很强的应用价值。例如，英国的 Derwent Capital 和加利福尼亚的 Market Psych 分析 Twitter 上的最新消息，从而预测最近股票价格的波动，以此作为股票市场的一个信号，并卖给商人。他们的分析包括数百个不同国家的微博，包括他们在微博上的情绪变化，如乐观、悲伤、快乐、恐惧、愤怒，甚至包括创新、诉讼、冲突等，由此为下一步决策提供重要依据。

（3）降低存储和获取会计信息的成本

传统的会计信息系统主要依赖于硬件及其后期设备的维护，而在此期间的系统更新将会导致会计信息呈现海量的特征，这将导致会计信息存储的费用增加。而在大数据时代，利用云计算技术实现会计信息的存储，既可以降低后端存储组件的成本，又可以有效降低系统的维护和更新成本。此外，企业会计信息的公开成本也相对较低，信息用户可以轻松地从大量的数据中获得大量的信息，从而减少获取会计信息的费用。但要实现"低成本、高品质"的目标，就需要严格按照会计信息的质量标准选取有用的会计信息。

2. 负面影响

（1）无法保证会计信息的准确性和可靠性

首先，由于会计信息的来源越来越多样化，其规模也越来越大，使得对会计信息中具有价值的内容挖掘越来越困难。如果不能识别出会计信息的真实性，就会对"可靠性"这一质量要求产生直接的影响。其次，大数据是对所有的数据进行研究，由此将直接影响收集到的会计信息的准确性。

（2）存在着财务信息安全方面的风险

首先，由于信息化时代具有网络开放、不稳定性等特点，企业的财务数据有被泄漏、被病毒侵入等安全隐患，尤其是企业的商业秘密，如果被发现，将造成无法挽回的损失，甚至危及企业的生存。其次，在大数据时代，会计信息的存储以 TB 级为单位迅速增长，对信息的传递和处理提出了高效率的要求，由此构建一种更加高级的会计信息安全防范体系将具有必要性。

## （三）大数据时代企业会计信息化的风险

1. 系统风险

目前，我国会计行业与发达国家的会计发展水平相较而言存在一定的差距，国内大部分企业的会计人员缺失对会计信息化的全面理解，且与发达国家在会计信息化的建设、发展方面的沟通、交流较少，因此，企业会计信息化系统软件面临风险也是不可避免的问题，若企业在今后的发展过程中并未解决潜在的风险，也并未充分发挥会计信息化软件应具备的价值，使得企业在今后的发展过程中将会遇到诸多难以预测的风险。企业中将大数据技术引入会计工作中，虽然能够大幅度提高信息整理速度、信息收集速度，提高管理人员的工作效率，但实际上企业会计信息系统仍会在一定程度上受到来自计算机的制约，计算机一旦发生故障，势必会对会计信息的安全性构成威胁，甚至产生数据损毁、数据丢失等问题，会计信息系统也难以正常运行。事实上，会计信息系统是一类网状分布体系，所以只有在远程控制软件的支持下，才会处于正常运行状态，一旦某一环节产生问题，将会影响整体的系统运行，致使企业会计信息数据面临安全风险。此外，虽然现阶段我国信息化系统软件已经能够在一定程度上突破空间、时间的局限，但其中仍存在诸多不足与缺点。例如，虽然软件的通用性得以大幅度提升，然而仍无法实现会计信息核算的全面处理，在这种软件应用背景下，不仅会增加企业会计人员的核算工作量，同时还会加剧信息系统的工作量，加大计算机资源消耗。

2. 网络病毒风险

在企业会计信息化发展过程中，网络病毒风险是一项主要面临的风险类型，网络病毒具备传播速度快及传播方式多样化的特点，一旦企业会计信息系统受到病毒入侵，不仅会对企业会计信息化工作的正常实施造成影响，还会扰乱企业正常的经营秩序，甚至还会由财务信息系统传染至其他相关系统，对企业的生存与发展构成威胁。此外，由于网络病毒隐蔽性较强，可在计算机中隐藏，即便处于特殊条件下也可传播病毒，这无疑在一定程度上加大了会计信息化工作所面临的风险隐患，威胁企业的生存、发展。

3. 资产保护风险

资产保护风险主要表现在如下几个方面。

第一，信息数据安全性降低，国内云会计服务存在较大的安全隐患。首先，国内大部分云会计服务商并未向社会公众公示安全策略，通常仅在官网上展示所加入的安全协会、所获取的认证，以此无法确定国内云会计服务的信息安全是否能够获得充足的保障。其次，云会计是基于互联网上的一种服务，然而，伴随黑客技术的不断提高及互联网开放性的不断增强，数据安全难以做到万无一失。

第二，尚未形成完善的安全管理制度，导致这一问题产生的主要原因包括两个方面：其一，企业管理层并未严格落实人员管理制度，所划分的管理职责并未落实到具体岗位，缺少内部管理职能分配方面制度。在这种人员管理模式下，一旦出现会计信息安全问题，无法在第一时间找到相关责任人，追究其责任，导致系统操作过程中安全性无法得到保障，对企业的长久发展将会产生一定的阻碍。例如，以某旅游网站财务部门为例，企业管理层便立足企业的实际发展情况，以此为依据，建立了清晰明确的职能分配制度及信息安全管理制度，不仅能够确保信息的安全、有效流通，还能够在产生信息安全问题时第一时间找到责任人。企业内部制度互相制约，能够有效避免管理人员徇私舞弊、滥用职权，管理人员之间能够形成有效制约，提高管理质量。此外，该网站还建立了完善、健全的安全管理制度，能够对企业员工起到良好的警示作用，每一位企业员工都能够对企业安全管理形成明确、清晰的认知。其二，企业在大数据时代下不仅应加强员工管理力度，同时还应加大系统安全性管理力度。然而，通常情况下，企业所设计的会计系统并未具备相应的技术支撑，加之系统多为代理商所安排的技术人员展开安全操作与维护，企业内部管理者可操作的权限有限，使得在管理过程中企业无法实现真正的安全管理。

### 4. 法律制度风险

对现代企业而言，特别是对基于互联网平台的票务代理企业而言，能否全面推进会计信息化已成为推动企业可持续发展的一项重要措施。大部分的企业都开始着重于会计信息化方面的推进，并借此充分满足企业在财务管理方面所提出的需求，推动企业健康长久发展。然而，在现阶段，与会计信息化相关的规则制度、法律制度存在一定的空缺，无法为企业的发展提供有效的法律保障。会计信息化是以网络虚拟技术作为技术支持而实现的，所以对信息化的推进而言，网络信息安全尤为重要，但目前国内在网络信息技术方面尚未形成完善的法律依据，特别是在虚拟信息计算安全管理方面并未形成明确统一的制度规范，一旦企业信息数据遭受侵害，若企业想要通过法律途径维护自身的合法权益，则面临诸多阻碍。目前，虚拟网络制度规范、法律机制存在一定的欠缺，致使企业会计信息化在推进过程中面临较高的风险。

### （四）大数据时代企业会计信息化的风险防范措施

#### 1. 引入先进技术，规避系统风险

人工智能技术、云计算技术、大数据技术在信息化时代背景下，前赴后继、推陈出新，凭借先进的技术防范潜在风险，在现阶段已成为一种主流的潮流趋势，以往的会计业务不仅面临数据信息核算量烦琐、记录工作量巨大等问题，同时还面临容易遭人为篡改、数据透明度有限、信息处理封闭及集中等问题，为妥善处理上述问题，一种公开、透明、去中心化，能够借助更多环节让更多人共同参与，并尽可能减少人为干预风险的技术由此产生，这便是区块链技术。区块链技术也被称为颁布式账本技术，最初仅是作为比特币的基础技术而产生，安全性是这一技术最为明显的优势，因区块链技术以分布式存储作为主要结构，安全系数伴随数据存储节点的增加而不断提升。此外，区块链技术所具备的可追溯、去中心化特点，这一性质决定此项技术的使用者仅能依据既定规则修改数据，无法由于小

群体、个体的私利执行违规操作。对企业会计管理人员而言，利用区块链技术防范信息化风险的一项主要技术优势体现在：会计人员能够随时随地掌握、了解企业内部的管理运营状况，能够对网络记录状态、监控交易实施情况实时监测。因记录无法撤销，加之能够对财务报告实时审核，能够有效避免人工处理模式下存在的结构风险，还能够尽可能避免人为恶意篡改数据信息。

工信部颁布的《中国区块链技术和应用发展白皮书》中针对区块链的推广与应用开始进行规划，2018年两会期间在工程院院士的提案中也涉及大数据技术、区块链技术的融合应用，这对推进企业会计信息化风险防范发挥着重要作用。

### 2. 加强网络安全防范，规避网络病毒风险

在企业会计信息化发展过程中，为规避网络病毒风险，需加大网络安全防范力度，主要可从如下几个方面实施：第一，为充分体现会计信息化安全系统的完备性，须构建相应的网络防火墙，增强会计信息系统的安全性，尽可能地避免会计信息化资料丢失、遗漏甚至损毁。在会计信息系统中安装防火墙的作用不仅局限于此，除保护资料不被遗失、不受损坏外，还能全面监控数据保存情况，为企业管理人员快速了解企业资料是否完善、是否安全提供便利条件，还能在出现问题的第一时间采取相应的保护措施。基于上述条件才能切实提高网络安全防范力度。第二，企业推进会计信息化发展的一项重要途径就是会计信息平台的搭建，一旦此项系统中面临安全隐患，势必会影响企业会计工作实施的安全性、稳定性，所以为尽可能地避免企业会计信息系统产生风险问题，则需不断优化会计信息系统，加大系统建设力度，引入新型技术，创新并升级系统。若企业实力允许，还可在信息系统安全建设中投入充足的资金应用于系统的研发及现有系统的维护。同时，还应以实际发展情况为依据设计契合企业财务管理需求的会计信息系统。在信息系统管理与维护的过程中，还应邀请经验丰富、专业能力强的工作人员负责这项工作，以此保障企业的数据安全。

### 3. 健全安全管理制度，规避资产保护风险

信息安全管理制度的完善，主要是指在企业内部推行信息系统维护专项制度，安排专人专门负责系统的运行、开发、维护，尽可能避免信息泄露事件的产生，还应加大安保监控力度，以免企业会计信息数据被恶意盗取。同时，岗位财务管理、岗位工作也应由专人专门负责，禁止无关人员接触现金往来业务，从源头解

决挪用公款现象。企业内部统一联网禁止浏览恶意网站或使用娱乐软件。

与此同时，还应从计算机技术视角出发，健全安全防护体系。针对企业计算机重要磁盘应安置还原盘，并专门设计保护代码，抵御病毒入侵。以携程旅行网为例，该公司的会计信息系统数据维护，仅有获得财务领导审批后才能交由专员操作，每日对信息系统中所生成的数据做好异地备份、数据库备份，以免产生信息丢失、信息遗漏的风险。除此之外，系统主机应在不断电的情况下独立运转，进出机房时需获得审批，并在系统管理员的陪同下才能进入，保障机房安全。携程旅行网还专门设立风险控制委员会，接受董事会的监督、指导，这是企业内部决策、评价、审查企业风险性金融业务操作的最高权力机构。企业还开设贷审会，即指在相应权力范围内审批不同客户的资产分类，并做好客户的信用评估，贷审会遵循审贷分离、授权管理的原则推行集体决策方式，由记名签字表达贷审会审议，每位委员均具备一票表决权，最终决策只有在获得 2/3 及以上成员的同意后方可生效，对于审贷会同意的每一项意见都应做好保存、记录并纳入档案。财务部门依据种类、时间、贷款额度等批阅并查询，遵循自身的权限与权力审批贷款、审查贷款。此外，企业还应专门开设风险管理部、金融市场部，并推行岗位责任制，促使企业内部各个部门能够互相制约，并形成合理的分工。金融市场部在获得客户授信业务申请后，调查客户贷前情况，承担清收不力责任。由企业风险管理部门制定管理制度、信贷政策并全程管控风险，设计独立的信贷审查机制，承担审批、审查责任。

4. 完善法律体系，规避法律风险

截至目前，我国在虚拟网络方面的法律依据、制度规范仍存在一定的缺失，这针对企业推进会计信息化无疑是不利的。因此，需加快相关法律体系的健全脚步。

首先，应从国家层面出发，国家应立足整体视角，做好整体规划，立足立法层面，完善网络信息安全法律体系，以此，也可为大数据时代背景下的市场经济安全运行提供法律依据，特别是要关注虚拟数据安全方面的立法体系，通过健全立法的方式，保障企业数据信息安全。从国家层面讲，还应摸底调查国内云会计市场，并以此为基础，尽快推出并制定云会计标准，再以云会计市场的变化为依据，不断修订所推出的云会计标准，逐步构建基于会计产业规范。除此之外，国家还应尽快颁布《信息安全法》《信息安全条例》，以此对云会计市场加以规范，健全我国信息安全法律体系，从整体视角推进我国云会计市场的规范。与此同时，还应针对云会计服务运营商资质提出严格要求，适当提高行业门槛，筛选诚信高、技术强的云会计服务供应商，通过优质服务供应商的筛选，在保障数据库安全性、稳定性的同时，营造良好的云会计竞争市场，并可以在一定程度上保障企业会计信息安全。除此之外，还应构建第三方监管机构，定期审查具有运营资质的云会计服务供应商，在审查过程中发现问题时，应督促云会计服务供应商及时整改，针对存在违规行为的服务供应商应即刻取消服务资质。与此同时，第三方监管机构还应加大后续的教育力度，将云技术风险向云会计服务供应商普及，以此保证云会计数据的安全。

其次，政府作为宏观调控的主体，在这一过程中需重视自身宏观调控作用的充分发挥，在法律存在一定缺失的前提下，应通过推行地方性法规制度的方式加强网络信息安全建设，为企业数据信息安全提供保障，还可对企业会计信息化所提出的发展需求充分满足。同时，政府还应充分了解企业现阶段所面临的风险问题，结合所存在的风险问题建立监管机构，对企业业务开展现象展开全面的监督，一旦发现企业出现违法、违规操作后应及时制止，以此对会计信息的完善性、安全性加以保障。针对企业管理不到位的问题，在相关法律法规中应增加风险评估、安全检测等方面的内容，或可针对违规行为制定相应的惩罚条款。

最后，对于法律体系所存在的缺口，企业需加强自我防范。以携程旅行网为例，企业内部开始着重于自我防范工作的加强，健全会计信息化体系，加大内部治理制度，深化风险防范意识，尽可能避免信息泄露事件的产生。与此同时，携程旅行网内部还应健全企业信息安全管理制度，将会计信息数据安全的保障放置在首要地位，让企业的每位企业财务相关人员签订保密协议，通过加大制度约束的方式深化相关人员的数据安全意识，保障企业财务数据安全。

## 二、大数据时代会计信息管理中存在的问题及对策

### （一）大数据时代会计信息管理中存在的问题

1. 对会计认识存在偏差

现在许多企业对会计缺少正确的认识，只是简单地将它作为核算工具，甚至

认为它只是一种计算机代替人工进行操作、代替纸质账本。这些片面的认识会严重影响系统的应用效果，许多企业领导层不够重视会计，没有对它的价值进行科学的考量，导致会计工作人员了解和应用的积极性不高。除此之外，尽管大部分企业的会计管理都采用了信息化管理模式，但其实际运用程度依然有限，并且存在着巨大的发展空间，部分会计人员对信息化设备的使用并不到位，这将造成信息资源不能充分利用的局面。另外，由于企业的会计信息系统与实际情况有很大的不同，这不仅阻碍了企业的信息化进程，同时也将对企业的会计管理产生不良影响。

2. 缺乏安全性和私密性

目前，市场中的许多软件都在致力于完善会计工作的应用功能，不断加强与企业会计管理制度的契合度，但是缺乏对软件的保密工作。目前，我国网络环境中存在许多不确定的因素，经常会出现信息泄露和丢失的问题，严重影响企业会计管理工作的安全性。在一些大型的企业中，统一会计软件非常重要，在大数据时代，网络软件上对会计信息存在一定程度的安全风险，各种不同的软件对会计功能和作用都存在一定的差异性，在这种情况下会出现信息安全风险，给企业带来了严重的信息泄露隐患和数据安全威胁。

3. 软件系统缺少智能化

会计工作软件系统的智能化水平还亟待提升，许多软件的应用功能并没有被开发，模块与模块之间的转换效果比较差，部分会计数据还无法直接进行使用，额外为会计人员增添工作量，同时不能充分发挥出软件的应用价值。另外，在软件开展中缺少与其他子系统构建紧密的数据联系，系统只能存在于固定的范围内，不能实现数据实时共享和分析。部分企业在发展的过程中存在会计工作与商业运行数据不对等的现象，这将使得会计与业务之间的统一性难以得到提升。尤其在信息化社会飞速发展的当下，区域经济、企业规模、员工素质等方面的差异，都将直接导致企业会计信息出现不统一的现象，而这将不利于各部门的协同工作。同时，会计信息和服务信息也很难共享，会计人员在信息内容上也缺乏与业务之间的关联性。

4. 会计人员的专业素养有待提高

目前，我国许多会计人员对会计系统的使用还比较陌生，在短时间内无法有效地应用，无法全面地凸显出系统的应用价值。会计人员无法熟练应用系统工作，在工作过程中会经常出现错误，如对数据的录入位置出现严重的偏差、在核算时不能有效汇集所有数据、操作流程频繁出错等。这其中有部分小错误可以进行改正，但是有些错误会造成严重的后果，企业应该对会计工作人员进行全面的培训，从而提高会计人员的工作效率和质量。

5. 环境不够成熟

随着会计的迅猛发展，被广泛地应用在企业会计工作管理中。但是，目前我国并没有一个完备的管理条例和运行机制，导致会计的应用模式十分混乱，相关部分需要对现在的应用情况进行全面的评估，营造合理的发展环境，构建系统化的规章制度，推动会计的发展。另外，还需要结合市场发展规律和企业的使用频率，建立完善的理论体系，积极规范管理模式，从而保障会计深化融入国民经济管理的各个环节工作中。

**（二）对策**

1. 完善企业会计信息质量管理体系

在大数据时代背景下，为适应大数据时代的特征，企业应当积极完善会计信息质量管理体系，促进会计工作人员更好地完成会计核算工作，有效地提高企业会计信息质量。首先，应当对会计工作人员安排定期的培训，使他们意识到会计信息质量对企业发展的重要性，并努力提升自身的会计专业素养，同时应当对相关的互联网技术进行培训，促进会计工作人员更好地利用互联网技术完成企业会计信息质量的提升。其次，企业应当在会计信息质量管理体系中制定明确的奖励政策，鼓励会计工作人员充分利用大数据时代的会计信息优势，对提高会计信息质量的方法进行探索与革新，促进会计核算工作为企业决策提供有意义的数据参考。最后，企业可以组织各部门经理参加会议，讨论详细的工作计划，确定计划后分析所有流程，选出适合企业经营发展的综合计划。例如，利用供应链和价值链将各部门的数据联系起来，并始终遵循同一原则，使会计向管理会计转型，确保管理者对会计数据信息的充分掌握。另外，在大数据环境下，企业应注重管理会计应用于企业管理中，运用相关管理机制对内部控制规范进行优化，建立健全可行的绩效考核体系，以保证考核的深度和广度。或者采用先进科学的成本管理方法，如活动成本法、目标成本法等，以保证成本数据的真实性和准确性。

2. 选取符合企业发展需求的信息

为有效提升企业会计信息质量，企业会计工作人员应当按照企业生产经营的实际需求选取会计信息，以达到有效促进企业发展的目的。企业的债权人与投资人对固定周期的财务报表进行检查，不只是为了查看财务报表上的营业额信息，更加注重的是会计人员对数据信息进行核算分析之后得出的综合会计信息分析结果，从而掌握企业生产经营现状。这才是财务报表会计信息隐藏的巨大价值。因此，在大数据时代，企业会计在进行会计数据核算工作时，应当以企业的债权人与投资人的实际需求为出发点，不能仅按照信息流程向债权人与投资人提供会计数据信息，而是应该改变传统会计数据核算工作的单一工作形式，将企业多方面的会计数据进行总结分析处理，向债权人与投资人展示会计信息分析后的结果，为企业运营决策提供有价值、有意义的参考数据。

3. 增强会计信息核算的时效性

在大数据时代，会计人员需要对大量的数据进行存储和处理，而传统的会计信息核算已经无法适应企业的发展。所以，为了在最短的时间内提升会计信息核算的效率，就需要借助具有高效执行效率的计算机来完成。高运算容量的计算机不但具有比普通计算机更大的存储容量，同时还能够及时、准确地实现对会计信息的统计，从而大大地改善会计信息的质量。同时，将计算机技术融入会计核算过程中，也能够从某种程度上突破手工核算的局限性，以此更好地节约会计核算的资金成本，同时为促进会计信息数据共享具有重要意义。另外，在大数据时代衍生了"云"技术，也为会计的发展带来了全新的模式。大数据时代的会计信息将所有权和使用权进行了区分，之前会计核算工作需要内容核算软件，同时还需要自行进行运维工作，而现如今，会计信息可以通过"云"技术进行转移和嫁接，企业只需要购买软件的使用权，就能够实现对数据的共享和传递，并且还能够实现对会计信息的远程监管控制，进而使其整体的实用性价值得到优化、凸显。

## 三、大数据对会计信息化运行的影响分析

### （一）为企业提供资源共享平台

在企业中，会计工作的发展历史长达数百年，是非常重要的工作组成部分。现如今，信息化技术日新月异，经济市场竞争也越来越激烈，企业唯有从自身实际出发，与时俱进，才能在市场经济中始终处于优势地位。置身大数据时代，企业将大数据技术合理地应用于会计信息化建设中，能够将有着广泛的内容、丰富的资源的数据信息共享平台搭建起来，使得相关财务信息数据凝聚为有效的信息链条，相关的会计工作人员可以共享。如此，会计工作人员就能凭借数据信息共享平台，随时调整有关工作内容，切实提升工作质效。

### （二）有效降低企业会计信息化成本

对于很多企业，尤其是中小企业而言，建设会计信息化需要很高的成本，使它们背负更多的资金压力。但是，置身大数据时代，企业应用大数据技术实现会计信息化建设，能够减少会计信息化基础设施建设投入，节约开支，行之有效地降低企业会计信息化成本。

### （三）提升企业会计处理效率

在过去，会计工作人员想要进行会计核算，必须遵照固定流程，同时，人工核算也可能导致误差的产生，为企业造成不必要的经济损失。置身大数据时代，企业开展会计信息化建设，能够将传统的人工核算方式转变为信息化技术手段，不仅能使会计工作人员的工作压力得到减轻，还能使企业的会计工作效率大幅提升。

### （四）提升会计管理工作职能

大数据信息时代的数字科技带给会计的信息化转型，不仅是企业内部财务信息数据化管理的便捷，更主要的是外部环境海量的数据信息资源。对于市场经济快速的更新发展变革，及时了解外部市场的环境变化和商业趋势，有助于企业及时掌握商机，并快速调整经营策略，做好企业发展的规划决策。数字时代的信息资源量丰富，信息传递速度快捷，都为会计信息化提供了广泛的信息数据资源，

从而使信息化转型下的会计工作可以极大程度地参与企业经营管理决策，为企业经营管理者提供完善的会计预估数据资源，做好投资前期的市场调研，并及时掌握风险趋向，增强会计信息化职能作用。

## 四、大数据时代会计信息化的发展方向

大数据所带来的影响有着明显的双重性，可积极，也可消极，它在发展中不仅能为财务信息使用者提供信息支持，同时也能更加准确地评估资产的公允价值。另外，它能有效节省数据加工整理过程中所消耗的经济成本和时间成本。因此，大数据时代会计工作应朝着充分利用大数据来提高企业的会计信息化水平，让投资决策者和信息使用者获得一定程度的解放。

目前，在我国各个行业的发展过程中，大数据技术与计算技术都已经得到了广泛的应用，而会计工作作为每一个企业的一项基础性工作，在发展过程中也一定要跟上时代的步伐，通过目前我国企业在发展过程中的趋势，可以得到企业在会计信息化过程中也有比较明显的发展方向，具体如下。

### （一）充分借助大数据信息资源优势

大数据时代所带来的信息化，是时代发展的社会福利资源，企业管理必须明确意识到当前时代发展的机遇，及时提升内部管理的控制水平，借助会计信息化系统的建立，为企业在市场竞争中赢得有利地位。与此同时，企业建立信息化职能平台，还需完善对平台信息安全的保护管理，增强会计信息化系统平台的安全稳定性，让会计信息化管理模式成为企业经营管理的助力基石。

### （二）信息安全工作将会受到重视

事物之间都是有着紧密联系的，一个新事物的产生也有两面性，因此，在会计信息化过程中，信息泄露的问题也是非常严重的，但是为了避免这个问题，信息网络的安全工作也受到了更多的重视。在信息化时代，信息是非常重要的，而一些重要的信息所带来的价值也是不可估量的，特别是对于一个企业的发展来说，一旦造成信息泄露，很有可能导致企业的商业机密泄露。因此，在会计信息化过程中，各种安全措施得到了有效的发展，一般情况下，企业的会计信息化与企业的基础网络建设是同步进行的。而随着会计信息化的不断推进，企业的各项基础

网络建设也是在不断发展的。但是在网络安全建设过程中，很多企业都忽略了一个问题，就是信息在传输过程中的安全防护，由于在传输过程中涉及企业或是个人的经济财产和隐私安全，所以一旦出现信息的泄露，所造成的后果是严重的，但是笔者相信，在未来会有很多企业发现这个问题，在信息传输过程中的安全防护措施也会得到相应的加强和完善。

### （三）完善管理模式，实现多系统整合

在企业发展过程中，会计是一个非常独立的部门，它基本上承载着整个企业的发展，因此，在会计部门的管理过程中，必须要建立完善的管理体制，同时，管理模式也要进行相应的完善和更新。目前，很多企业在会计信息化过程中，为了保证会计工作的安全性和效率，都进行了会计管理部门的改革，而在改革过程中，也并未出现过多的问题，同时，各个系统之间也进行了有效的整合，使企业内部的会计信息管理活动更加完善、健全。

### （四）会计信息的行业化集中使用

大数据推动了云计算的发展，云计算降低了企业硬件设施管理和软件维护升级的费用。随着科技的发展和市场的成熟，会计信息软件得以进一步优化，有效节省了企业的时间成本和人工成本。云会计以网络为载体，以云计算为基础，具备专门的软硬件设施和系统维护服务，客户可以借助计算机对相关资料进行核算、分析。

行业不同，企业的发展模式和经营状况必然有所区别，但相同行业内的会计工作也有着明显的相似之处，那么对于大数据的搜集也一定存在共性。因此，企业信息的集中性越强，会计工作的可利用资源就越多，大数据的工作方式和会计软件才会更加实用，这也加快了会计信息化的发展速度。这样看来，会计信息的行业化集中使用就成了会计信息化的未来发展目标。

### （五）强化会计信息的综合性

在大数据环境下，企业的内涵更加丰富，企业价值的影响因素更加繁杂，投资者和经营者在企业中的决策更加复杂，数据资源能够有效提高企业的竞争力，这就使得越来越多的企业看到数据资源的重要性，试图利用数据信息来增加企业

价值。因此，过去利用结构性数据进行预决算的企业，所提供的财务信息已经难以满足自身的需要，会计报告应参考非结构性数据，从微观的层面分析企业真实的经营状况，提供符合当前社会的综合性数据信息。过去密切关注却未在财务报告中公示的内容，如人力资源、环境资源等信息，现今也应该考虑到，这就符合了财务信息的时代性特征，会计人员应加强量化企业商业模式，对市场动态给予充分了解，为财务信息使用者提供更有价值的数据信息。

### （六）会计信息化的理念不断地更新和完善

在现阶段，很多企业内部的会计核算和财务管理工作都是通过计算机来完成的，这在一定程度上弥补了传统会计模式的不足，让会计工作的效率得到了极大的提升，而企业的领导者要想让会计工作得到更大的提升，就必须要从理念方面进行相应的创新，只有拥有良好的创新理念，才能督促企业内部进行系统的更新和完善。另外，在会计信息化过程中，如果一直延续着现代的会计信息化体系和相应的软件系统，也是对会计信息化进程的一种阻碍。例如，一种游戏始终以一种新型模式进行工作，如果不及时更新系统，那么，在运行过程中，必然会出现相应的问题，特别是运行方面，或者数据丢失方面的问题。因此，在会计信息化过程中，如果一直延续这种模式，也必然会出现这类问题。因此，在会计信息化过程中，理念的创新是非常重要的，要让企业内部的领导者充分认识到理念创新的重要性，这是企业会计信息化发展的前提和基础，只有有了创新的理念，才能针对企业在会计工作过程中的各种问题进行有效的解决。另外，还要针对会计管理人员进行相应的培训和学习，让他们了解到理念知识的作用，督促他们去学习一些大数据与云计算技术，这既可以满足企业对各种人才的需求，也可以激发员工工作的积极性，从而带动整个会计行业信息化的发展。

### （七）加大推进相关法律制定

在大数据时代，大力推进会计信息化相关法律的制定，进一步完善立法工作，健全奖惩机制和责任制度，建设第三方监管机构定期审查共享平台及培养相关用户。

综上所述，大数据时代对人们的思维方式和工作行为带来了不同程度的影响，大量新兴技术的出现为会计信息化提供了更加广阔的发展空间，信息获取和处理的范围也被扩大。企业看到新信息带给企业的巨大经济价值，但是如何利用这些便利，及时避开风险，提高技术利用率，促进信息化发展，是企业面临的最大挑战。

# 第四节　大数据时代会计信息化体系的构建

一个企业只有拥有了比较完整的会计工作体系，才能更好地促进该企业未来的发展，对于该企业的各种财务活动以及经济活动进行准确的把控。因此，会计工作体系对于一个企业的发展来说是不可或缺的，所以企业在管理过程中一定要增强会计管理工作，提高会计工作的质量和效率，促进企业的长远可持续发展。

## 一、大数据时代构建企业会计信息化体系的必要性

随着互联网技术的不断发展，各种高新技术已经进入各行各业的生产发展过程中，对于不同行业的发展都带来了极大的便利，特别是大数据分析技术为企业的生产经营活动与体验活动带来更加良好的分析和管理模式。因此，在企业会计工作过程中也要运用大数据分析技术构建信息化体系，一定要让企业的会计管理工作符合社会的大趋势，才能为企业未来的发展制定更好的发展战略。以下是对企业推进会计信息化建设必要性的探讨。

### （一）大数据分析技术为企业会计工作提供了有力的技术支撑

大数据分析技术就是通过互联网技术对企业的各种经营活动，以及各种经营数据进行相关的分析工作。在现阶段，我国实行的是社会主义市场经济，在这种经济发展模式下，企业所面临的是非常复杂的竞争环境，如果对市场信息把握不到位，那么很有可能出现市场风险，对于企业的发展来说是非常不利的，而且还有可能导致一个企业的破产或倒闭。因此，企业对于市场信息的分析，对企业发展来说是非常重要的，可以通过大数据分析技术有效地实现对各种风险因素以及各种有利因素的充分分析，财务会计工作人员可以根据相关的分析辅助管理者制定比较完善的发展战略，对于企业的持续性发展来说是非常有利的。

### （二）大数据分析技术有助于简化企业的工作流程

随着我国经济步入稳健发展的时代，我国各行各业的企业在发展过程中迎来了非常多的机遇，因此，我国大部分企业未来的发展趋势都是比较明朗的。在这种局势下，我国企业在发展过程中会不断地扩大发展规模，在具体的生产经营过程中，就会面临比较复杂的工作环节，如采购、营销、生产、售后等一系列内容，这就需要企业拥有比较完善的管理体系和管理机制。在管理体系和管理机制建立过程中，可以通过大数据分析技术有效地减少不必要的工作步骤，简化工作流程，对企业工作效率的提高是非常有利的。在财务管理工作过程中，传统的人工财务核算方法已经不能满足企业快速发展的需求，因此，要通过计算机互联网技术提高各种财务工作的效率和质量，为企业未来的发展提供更加有力的数据支撑。

### （三）大数据分析技术有助于规范会计核算工作

会计核算工作对一个企业生产经营活动的控制来说是非常重要的，只有通过会计核算才能对企业在生产经营过程中的盈利和亏损进行全面的分析和了解。会计核算工作所涉及的事件以及信息的数量是比较庞大的，如果采取人力核算的方式，那么核算的效率比较低，而且还很容易出现各种失误，但是可以通过大数据分析技术，通过计算机互联网建立相关的分析模型，只需要将相关的数据输入模型中，就可以实现自动化、智能化的分析，可以在很大程度上减轻财务工作人员的压力，减少企业的人力资源成本，促进企业未来的发展。

## 二、大数据时代下企业会计信息化面临的难题

通过上文的叙述，可以得到企业的会计信息化对企业未来的发展是非常重要的。在现阶段，我国各个企业的发展速度都是非常快的，如果企业不对内部的有关部门进行相关的改革，那么企业在发展过程中肯定会面临各种各样的发展难题，对于企业未来的发展来说是非常不利的。目前，我国某些企业在进行会计信息化改革过程中，存在一些问题，这些问题严重阻碍了会计工作与大数据分析工作的融合，对会计信息化体系的建立造成了阻碍，对会计工作效率的提高是非常不利的。

### （一）传统的企业会计模式根深蒂固

通过相关调查发现，现阶段很多企业在发展过程中仍然采取的是传统的企业会计工作模式，这种模式已经深入大多数财务工作人员的潜意识中，对于他们来说，采取一种新的会计工作模式是很难在短时间内适应的，而且有很多财务会计工作者是非常抗拒企业会计信息化体制建立的。此外，在社会主义市场经济条件下，一个企业要想转变传统的会计工作模式，相对来说，是比较困难的，所需要面临的风险也是非常大的，这就要求企业在进行会计模式转变过程中，要坚定模式转变的意志，要鼓励员工接受各种新的管理方法。由于传统会计工作的理念根深蒂固，所以会计信息化体制改革工作是很难在短时间内进行的，需要逐步完成。

### （二）缺乏相应的会计信息化体系构建的经验

由于大数据分析技术的发展时间比较短，而且很多技术目前在具体的运营过程中很不成熟，所以在我国会计信息化体系构建过程中是非常缺乏相关经验的。在构建会计信息化体系过程中，相关的人员只能凭着本能以及现有的大数据分析技术进行摸索，缺乏有力的数据支撑。企业在构建会计信息化体系过程中，把大多数的数据都上传到云端，保存到云平台。但是由于企业缺乏比较完善的信息化管理技术，这些数据在云平台的储存过程中很容易泄露，给企业带来非常不利的影响。同时，如果一个企业想要构建比较强的保密系统，就需要企业投入大量的人力、物力和财力，这对于一些中小型企业来说是很难做到的。因此，在企业会计信息化过程中面临的问题还是比较多的，仍然需要不断努力。

### （三）负荷量过大的网络传输问题

在一个企业发展过程中，要想实现会计信息化，就必须依赖网络环境。这也就意味着，企业必须先拿出资金、人力、物力去构建一个良好的网络传输环境。但是对于我国的一些中、小、微型企业来说，既缺乏资金，又缺乏相应的体制支撑，所以，在构建网络传输环境过程中，就造成了一定的困难，这就会导致企业的会计信息化进程赶不上现阶段的发展速度，就必然会被社会所淘汰。通过相关调查发现，大多数企业在构建会计细化过程中，面临着网络数据延迟和阻碍、计算机核算量超负荷、计算机信息传递滞后性等问题。具体来说，在现阶段，企业会计发展过程中所面临的数据量越来越大，而大多数企业在发展过程中都已经实现了会计信息化，所以大多数的数据存储和交换都是通过网络进行的，如果企业在构建网络环境过程中有所怠慢，就会导致信息得不到有效的存储和沟通。另外，在会计信息化过程中，很多企业还缺乏相应的网络故障检测以及故障警告体系的构建，在信息化时代，更容易发生信息犯罪，企业的各种计算机设备更容易受到木马等病毒的攻击，因此，很容易造成数据泄露。但是，当前许多企业还在使用传统的会计信息系统，这类系统无法满足大数据时代下的各项业务工作，就很容易导致计算机核算量超出负荷的情况，导致计算机系统的崩溃，从而严重阻碍会计信息化的发展。因此，面对这些问题，企业必须引起重视，针对企业内部的各项网络环境基础设施建设采取各种有效的措施。

### 三、企业会计信息化体系构建的策略

通过上文的分析，可以看到企业在进行会计信息化体系构建过程中所面临的难题仍然非常多，但是如果一个企业故步自封，那么就很难跟上现阶段社会发展的步伐，面临被市场淘汰的风险。因此，企业要针对这些难题提出具体的解决措施，同时，我国政府等相关单位要不断地采取各种优惠政策，加快企业会计信息化体系的构建。

#### （一）提高领导的重视程度

在会计信息化体系构建过程中，领导的重视对于构建速度以及构建的力度来说是非常重要的，只有引起领导的重视，才能根据企业发展的现状制定具体的构建策略。所以，在这个过程中，一定要不断地转变领导的思维，让企业的管理层充分意识到会计信息化体系构建对于企业未来发展的优势，只有获得了领导的支持，才能在会计信息化体系构建过程中获得有力的资金和人力、物力支持，才能充分地保证企业会计信息化体系构建的质量。

#### （二）建立科学安全的防护系统

在大数据时代，信息安全问题越来越严重，因此，在企业构建会计信息化体系的过程中，要重点考虑安全问题，对构建企业会计信息化体系的影响，在构建过程中要引进相应的网络信息安全员，对企业存放数据的数据库进行防护墙设计，

对企业的各种数据资料以及档案的查阅权限，要进行比较严格的管理，在一定程度上可以降低黑客和病毒的攻击，保障企业的信息安全。

### （三）加强对会计信息化技术人才的培养

在企业进行会计信息化体系构建过程中，专业人才的培养工作也是非常重要的，只有专业的人才才能运用专业的会计信息化体系，为企业的未来发展制定更好的发展战略，为企业的各种经营活动提供更加完善的信息，增加企业的经济效益。同时，企业还要加强各个方面的创新工作，实现服务工作创新管理制度，应用制度的创新，只有将这些创新机制与人才管理机制、会计信息化管理体制充分结合起来，才会更有利于企业的发展。

# 第六章 大数据时代财务会计的创新实践

大数据时代的到来，各行各业的工作效率得到了大幅提升，会计行业也不例外。本章主要对大数据时代财务会计的创新实践进行了介绍，主要包括两节内容，分别是第一节会计电算化、第二节财务机器人。

## 第一节 会计电算化

会计电算化是会计发展史上的一次重大变革。与手工会计处理方式相比，会计电算化以信息系统为依托，借助计算机与网络技术对会计数据进行自动处理，代替应由人工完成的会计工作，使会计工作效率大大提高。对于企业的业务发展和财务工作来说是一次极大创新，对于推进社会经济发展具有重要的意义。会计电算化通过人机对接方式将经济业务活动与会计处理方式进行有序衔接，传统会计工作模式下的记账、算账及报告生成等诸多原有手工完成的环节，由计算机系统替代，会计信息质量更高，对企业做好经济管理与决策提供了极大帮助，有利于企业管理水平的进一步提升，进而推动企业经营活动稳健发展。

### 一、会计电算化概述

#### （一）会计电算化的概念

会计电算化又称为计算机会计，是以计算机为平台实现会计业务处理的一个综合性的会计信息系统。它以会计软件为支撑，以计算机操作替代传统的手工记账，在计算机设备上完成会计业务处理的系列操作过程。

#### （二）会计电算化的组成要素

会计电算化是"人"与"机"充分对接的一个综合性管理系统，它的组成要素涉及多个方面，主要涉及人与机两个要素。这里的"人"是指从事系统操作与管理的各类人员，包括企业主要管理者、会计操作人员、会计主管及会计机构负责人等，他们构成了会计工作的主体。这里的"机"包括两个部分：一部分是指计算机网络等硬件资源，它们是承载会计软件资源的载体；另一部分则是指会计软件系统，包括保护软件系统安全的相关工具，它们以特殊的软件形式存在，并在会计电算化操作中发挥作用。硬件配置要与软件功能相符，相关会计系统操作人员要熟悉会计软件操作流程，并根据授权原则规范操作，才能保证会计系统有效发挥作用。因此，会计电算化的组成要素涉及会计操作主体、硬件系统与软件系统，以及会计电算化操作流程等几个关键组成部分，它们在会计电算化中起着不同的作用。

### （三）会计电算化的主要特点

会计电算化集计算机与信息技术、管理学与会计学于一体，属于一门跨学科的应用类科学技术，随着这一门学科在经济管理及会计实践中的应用，推动了经济管理现代化的发展。会计电算化的出现，改变了会计工作环境。会计电算化代替手工会计操作，具有如下特点：一是智能化。会计电算化的功能十分强大，智能水平极高，电算化能够智能处理系列会计业务工作，算账过程由会计系统完成。二是精准化。与人工方式相比，会计电算化处理更精准，计算失误率大大降低，会计失误主要由会计人员判断、操作失误引起所致。三是系统化。会计电算化系统将会计处理工作划分成多个模块，按记账、审核、过账及报告生成等几个部分，每个环节操作流程清晰，必须依次进行，执行严格的操作标准。企业通过系统设计各个标准模块，生成企业所需的基本信息，与人工操作相比更为系统，会计处理更加规范。

## 二、会计电算化的重要性

将现代信息技术与网络计算机系统相结合，在会计实践中加以应用，给会计业务处理带来极大变革，推动了会计行业快速发展，对社会经济发展也起到了促进作用，社会经济效益得到了快速增长。因此，会计电算化的出现对推进社会经济快速发展具有重要意义。

## （一）会计电算化对会计信息质量有着更大保障

会计电算化设置了许多模块，通过专业化的会计软件可以保障会计核算更加精准，除非人为作假导致核算结果有误。在会计电算化模式下，核算工作由系统完成，系统之间有着诸多衔接对应关系，可以通过系统自检完成会计数据的核对工作，能够及时验证会计信息是否对应，会计信息的精准度更高，在正常情况下，会计信息质量有着充分保障。

## （二）会计电算化使会计工作更加规范

与手工操作相比，会计系统在业务处理上更加规范，会计操作中的每一个流程必须依次进行，凭证输入、审核、复核，以及记账、结转等有着严格规定，必须遵守系统程序进行规范化操作，否则，会计系统将不予支持。从操作流程角度看，会计电算化比人工操作更规范，更符合会计处理原则。同时，在计算机操作过程中，不遵守操作规程将难以进入下一步流程，从而规避了人工因素的操作风险，在操作上也有记录显示，能够及时发现违规操作原因，从而做好操作风险防范。

## （三）会计电算化使会计工作效率大大提高

在人工处理模式下，面对诸多的核算量，会计人员精力有限，通过算盘计算效率难以提升，人工进行数据处理发生差错的概率极高。为了做好对账工作，会计人员往往需要花费很多时间，查对多个账簿记录，会计工作效率很低，而且核对过程极其烦琐，花费很大精力。然而，在计算机系统参与下，会计人员通过系统检测、设置对应关系，通过自检或开启自动复盘，及时调取相关数据，能够快速地完成数据检测工作，会计人员的工作效率大大提高。

# 三、会计电算化对财务会计工作产生的影响

## （一）会计电算化对会计工作发挥的促进作用

### 1. 有效降低会计工作成本

一方面，企业在会计工作中充分应用会计电算化，可以促进会计业务开展过程中的人力成本投入的有效降低。因为会计电算化的有效应用，有赖于电子计算

机这个核心硬件设备，计算机系统可以便捷高效地处理原来很多依赖会计工作人员才可以开展的计算以及数据信息核查检验等工作内容。因此，对于企业自身的发展来讲，会计电算化的应用普及使得企业对于会计工作人员的数量需求也会逐渐有所下降。另一方面，企业利用会计电算化，可以降低会计工作资金方面的成本投入。企业全面运用会计电算化，有助于企业内部对于会计信息的有效使用，可以帮助信息使用者有效降低使用成本，并可以快速获取需要的信息数据。

2. 简化账务处理的流程

在企业会计工作开展过程中，合理运用会计电算化，有助于促进财务工作处理过程更加的连贯，提升其连续性。在财务处理过程中，会计电算化的有效运用能够充分突出其连续性和系统性，在会计电算化应用系统中，能够针对财务处理过程的各项中间环节以及资料等进行自动化、高效率的分析和处理，而且会计电算化的应用能够促进企业特殊财务处理工作流程进一步实现合理简化。在财务工作中，有一些工作相对比较烦琐、复杂，运用会计电算化系统能够帮助企业更加及时便捷地处理各项数据信息。例如，在进行会计记账时，通常会遇到出错等情况，必须及时进行修改纠正，在传统会计工作方法中，需要人工进行修改更正，这个过程就会比较复杂。然而在会计电算化系统的普及应用下，面对这类问题，会计工作人员仅仅需要利用系统输入"错账更正"即可快捷高效地对错误账目进行修改和更正。这与传统的会计更正方式相比较而言，流程则高效简化，效率也逐步提升。此外，会计电算化与会计记账业务的有效融合，尤其是在生成具体财务账簿的过程中，系统可以直接进行数据读取以及对比分析，记账工作效率更高，与传统会计记账不同，这种方式更加高效便捷，同时也非常清晰明了。

3. 提升了企业风险评估的准确性

因为外部社会经济发展环境有其复杂性，同时因为企业实际发展现状的影响，目前，我国很多企业在会计工作开展过程中都会遇到一些潜在风险问题，这些会导致传统会计信息披露出现一些问题，或者会计工作人员自身徇私舞弊等，这些风险问题对于中小型企业而言司空见惯。随着社会网络信息技术的进一步迅猛发展和普及，传统会计面临的风险挑战也在增加，企业财务数据泄露问题时有发生，所以，企业也会进一步严格要求会计工作组织实施的标准。当会计电算化全面普及应用之后，有效促进了传统会计风险评估工作的开展，提升其精准性和全面性，基于现代信息技术的发展基础上，企业在处理会计工作中的潜在风险时，能够及时做出高效全面的整合以及系统化分析，这样企业的会计工作人员以及管理人员也能够结合具体分析结果，为企业的发展决策提供科学可靠的参考依据。不仅如此，会计电算化的引入还能够帮助企业内部财务审计工作进一步高效落实。会计审计属于财务工作的重要内容，会计电算化的广泛普及和应用，使得传统会计设计工作也发生了变化，工作效率和工作质量都得到了普遍改善和提升，特别是针对审计技术而言有很大的积极影响。传统审计会利用抽查、顺查或者逆查等方式，但具体实施都需要人工。而在会计电算化应用的情况下，工作人员利用计算机系统可以快速整理输出会计信息，同时利用系统做出完整的审核，之后对审核报告结果予以打印，不但有效提升了企业内部审计财务审核的精准度，同时也保障了审核工作的高效性。

4. 财务档案的储存形态发生改变

在企业会计工作中应用会计电算化，还有一个主要目标就是为财务档案存储、提取以及记录提供便捷。根据财务档案管理的流程，财务档案存储介质与会计电算化中的数据存储进行有效融合，能够有效保障企业财务档案数据应用的高效性，同时也使得财务档案管理边界进一步延伸拓展。利用会计电算化对会计档案资料进行电子化管理，能够帮助财务会计档案信息管理更加高效，同时能够促进财务档案管理系统平台的高效建设与发展。在企业财务档案管理工作中，会计电算化可以让财务档案数据信息的提取和管理覆盖面有效扩大，还可以结合各个渠道的相关数据特征与规律促进财务数据之间的关联性呈现。会计电算化的合理运用，体现出硬件水平提升对企业财务档案管理工作的形态带来的影响，也有效简化了传统财务档案数据记录管理的复杂流程，促进管理媒介的升级，推动财务档案管理制度的建设与健全，保障财务数据更加完整、严格地进行保护和管理。

**（二）企业财务管理中应用会计电算化的意义**

会计电算化指的是借助电子计算机技术实现智能运算的会计模式，具有运算速度快、准确率高、存储性能佳等优点，可以实现数据信息的存储与输出，与人工会计方式相比更为快捷和精准，是目前我国企事业单位使用的财务管理模式。会计电算化可以自动处理电子数据，不仅能提高会计的工作质量和工作效率，还能提高财务管理水平。会计电算化管理模式是企业未来财务管理的重要发展模式，由于我们对会计电算化的很多方面了解得还不够透彻，目前在企业中还没有得到普及应用。在未来发展中，企业应当加大对会计电算化的研究力度，掌握多方面的信息，实现会计电算化的高效应用，促进企业财务管理水平的持续提升。

在企业财务管理中，会计电算化有着较为明显的应用优势。首先，应用会计电算化有助于企业会计处理方式的创新。随着企业规模的扩大，财务工作人员需要处理的数据信息越来越多。一些企业沿用传统财务核算方式，主要依赖人工记账，并且在财务核算、财务报表编制中仅依靠一人之力是难以完成的，需要多个人员的有效配合，整个核算流程比较复杂。但是在财务管理中应用会计电算化，能够有效简化会计核算流程，一些基础性的工作可以借助电算化系统完成，而且会计审核、信息查询等工作实现了一体化和流程化，大幅度减少了财务工作人员的工作量，有效提升了财务管理工作水平。其次，应用会计电算化有助于企业内部控制制度的创新。在传统财务管理采用的人工核算方式下，内部控制管理也比较单一。应用会计电算化能够借助信息化系统加强内部财务控制，促使企业财务管理实现程序化，从而科学预警财务风险，加强对财务风险的防控。再次，会计电算化还能够促进财务管理的精细化，提高企业财务数据的处理效率，用程序代码替代会计科目，有效提升财务报表的准确性，促使会计工作流程更加简化，有效降低财务工作人员的核算压力，促使企业财务人员向管理会计转型。会计电算化的应用还能够促使财务人员明确自身的权责，规范他们的工作行为，当出现不规范操作时，信息系统会立即提示或者警告，从整体上保障了财务管理的安全性。最后，应用会计电算化有助于企业数据利用效率的提高。在企业财务管理过程中，需要进行会计信息审核与会计报表编制，财务工作人员需要分析和计算海量的财务数据，需要具备较高的专业能力，才能全面掌握各种数据信息，灵活采用运算关系，制作出企业所需的财务报表。应用会计电算化，可以借助其配套软件，充分发挥运算优势，综合运用相关数据信息，实现数据分析和管理的自动化，显著提高财务数据的综合利用率，为企业编制出不同维度的报表数据，更好地满足企业的实际需要。

## 四、网络环境下会计电算化发展的新趋势

随着社会经济的快速发展,特别是网络信息技术的快速推进,对会计电算化工作带来了极大影响,会计电算化发展出现了一些新趋势。

### (一)电子商务快速发展对会计电算化工作带来了极大挑战

随着电子商务网站快速发展,以淘宝、京东为代表的电子商务模式对会计电算化发展带来了很大影响。电子商务的出现,对会计核算与管理带来了新的变化,会计结算与处理流程也随之发生了很大改变,会计电算化要适应电子商务环境下的新趋势,做好会计对接工作,这对会计电算化带来了极大挑战。在电子商务模式下,虚拟货币、虚拟交易及电子支付等的出现,需要与会计电算化工作无缝对接,从而推动会计电算化业务进一步发展,更好地满足企业管理与经济形势发展的需要。

### (二)云计算技术的应用对会计电算化工作带来了极大的发展机遇

在手工记账模式下,账、表、据、证等通过传统的会计数据储存方式进行,这些数据资料看得见,摸得着,收支平衡关系一清二楚。而在以云计算为背景的大数据技术支撑下,会计电算化的信息并非储存在特定的计算机或服务器上,而是储存在云服务器上,这为会计电算化工作带来了极佳的发展机遇。然而,由于网络属于一个开放的平台,会计数据的安全性难以得到保障;对于企业部分管理人员来说,会计信息查找也不方便。企业要处理好云计算环境下会计数据安全与会计信息便利查询之间的关系,必须构建完善的会计数据运用体系,对会计资源进行综合利用,促进会计管理工作质量提升。

### (三)高科技飞速发展对会计电算化提出了更高要求

如今,高科技应用范围不断扩大,会计电算化功能更加强大,会计管理系统需要不断升级,会计模块功能更加完善,与传统手工记账相比,会计电算化业务能力明显增强,功能更多,不仅能进行会计业务处理,而且在数据分析、测算及管理水平方面进一步增强,为企业管理决策提供了极大便利。然而,这需要企业具有一批较高素质的会计专业团队,对高科技在会计电算化中的应用能够熟练掌握,以会计电算化为契机,对企业资源进行优化组合,增强企业的整体实力。因此,需要会计团队素质更高,不断加强企业管理,提高服务质量。

## 五、会计电算化的未来发展策略探讨

### （一）转变观念，提高认识

在网络信息技术快速发展的背景下，企业管理层必须认识到会计电算化对企业发展的意义，为此，企业管理层应进一步转变管理观念，认识到会计电算化工作的重要性。企业管理者不仅要重视生产和销售，还要关注会计管理工作，运用会计电算化促进会计工作质量提升，借助会计管理系统实现降本增效目标。会计电算化不仅是一个核算工具，还是一个会计管理手段，如果运用得当，有助于企业会计工作质量与企业管理水平的提升。因此，企业管理层要重视对会计电算化方面的投入，做好硬件配置，选择好适用的会计软件，为会计电算化有序推进提供保障。

### （二）加强制度建设，规范会计电算化处理流程

要确保会计电算化工作深入推进，企业必须重视相关制度建设，构建完善的制度管理体系。一方面，要对传统手工记账模式下的会计制度进一步梳理，结合会计电算化工作的要求，进行不断完善，使之与会计电算化运行模式相适应；另一方面，要做好会计电算化业务流程设计，根据企业经济业务发生情况，对会计流程进行设计，对会计人员的操作权限、流程分工、岗位职能进行重新界定，科学划分职责权限，保证会计处理规范化。在制度设计中，要对违规操作加以处罚，防止权限滥用，造成操作风险。

### （三）做好人员培训，统一操作模式

在会计电算化运行过程中，会计操作人员的作用十分特殊，在人机系统中，操作人员是一个关键因素，会计操作人员的业务水平与操作动机决定着会计工作质量，直接影响会计电算化的运行效率。因此，在会计电算化推进过程中，应将操作培训列入工作重点，对相关会计人员进行系统化培训，统一会计业务操作模式，规范操作口径。要根据业务变化的需要，对不同的会计人员进行经常性培训，促进会计人员操作技术水平不断提升。要通过操作培训、理论学习、职业道德教育等方式，帮助会计人员提高综合能力。同时，要做好会计人员业务操作之间的衔接，保证每步操作有据可依，规范行事。确保数据录入无差错，数据备份常态

化。对于严守操作规程、业务素质强的会计人员加大奖励力度，在内部建立激励机制，激发会计人员坚守会计原则，热心会计工作，取得会计管理成效。此外，企业还要做好会计高端人才引进工作，组建一支素质过硬、业务过硬的会计管理团队，在会计电算化工作中发挥重要作用。

### （四）加强会计基础管理，确保会计数据安全

与人工会计模式不同，会计电算化在会计数据储存上有着独特之处，诸多会计信息储存在计算机或数据服务器上，有的还储存在云服务器上，因此，会计信息储存与管理的难度加大。为此，会计人员要做好会计电算化模式下的会计基础工作，确保会计数据的安全性。一方面，会计人员要设定好密码保护，遵守会计操作原则，严格执行操作规程。操作人员长时间离机，要将程序安全退出，防范操作风险隐患。另一方面，要做好数据备份工作，设置自动备份，防止操作过程中数据丢失风险。对于重要数据，除电子储存外，还要及时打印出来，通过纸质形态进行保管，便于内部查询，为内部非操作人员提供管理上的便利条件，促进会计信息得到最佳利用，使企业管理效率不断提升。

# 第二节　财务机器人

## 一、财务机器人的概念

财务机器人指的是一种能够将企业发生的各种财务、业务信息数据化，通过梳理数据之间的关系，执行基于一定规则既定指令下的重复性操作。在处理模式、处理流程、处理效应上均基于流程自动化技术（robotic process automation，RPA）的应用程序。该应用程序可以在脱离人工操作的情况下，实现实时化、跨平台、多窗口的自动化操作，这也被称为财务机器人的第一阶段。通过将 RPA 技术与其他人工智能技术结合使用，还可以为它赋予图像识别、数据处理、报告分析、思维推理等能力，这些智能认知能力的开发也被称为财务机器人的第二阶段。目前，财务机器人已经迈入了第三阶段，能够将 RPA 技术与 AI（人工智能）技术深度融合，全方位实现财务、业务与数字经济的联动，打造智能化、数字化、效率化

的财务应用平台。目前较为成熟的 RPA 产品有 UiPath、Blue Prism、Automation Anywhere，以及华为的 AntRobot 等。

## 二、财务机器人的主要功能

财务机器人能实现财务流程的数字化、智能化，能提高财会部门人力资源配置的合理性和有效性，实现财务人员和工作内容的优化配置。财务机器人通过模拟人工操作，并结合企业的管理需求，可以实现多种功能的组合，实现多种财务流程节点的自动化。财务机器人的主要功能可以概括为以下几个方面。

### （一）数据获取与记录

财务机器人最基本的功能是数据获取与记录。财务机器人开发人员通过对传统模式下财务人员的工作内容进行分析，设置计算机程序规则对人工操作进行模拟，可以实现财务机器人对数据的检索、迁移和输入。

### （二）OCR 图像识别与处理

光学字符识别（optical character recognition，OCR）与处理功能是指财务机器人以 OCR 技术为基础对图像进行识别，从图像中获取有用字段信息并输出为结构化数据，实现进一步的数据传递、审查与分析，并将之整理成对流程应用、管理、决策有用的信息，解决财会人员手工输入的问题，提高信息处理效率。

### （三）数据流接收与输出

数据流接收与输出的主要内容是在系统后台进行数据流的上传与下载。按照预先设计的路径，财务机器人登录内部、外部系统平台上传与下载数据，完成数据流的自动接收与输出。

### （四）数据整理与分析

财务机器人可以高效管理基于检索、下载的数据信息，可以对数据进行检查、筛选、计算、整理及基于明确规则的校验和分析。

### （五）信息监控与产出

信息监控与产出是指财务机器人通过对人类行为的模拟，自动履行财会工作流程的一系列功能，包括分配工作流、生成标准报告、做决策、信息自动化通知等。

## 三、财务机器人适用的业务特点

以往，财务会计工作进程的推进通过财务人员人工操作或信息系统自动化操作的方式实现。在人工操作场景下，工作效率低，错误率高，人员占用多，而对信息系统自动化操作来说，一旦出现跨系统的数据流转需求，相关人员就需要在多个异构系统间进行系统改造和应用程序编程接口（Application Programming Interface，API）开发。系统改造和 API 开发往往投资成本高、部署周期长、对需求响应慢。然而，使用财务机器人不但能够以自动化的方式提高财务工作效率和质量，而且其开发周期短、投资成本低，能够大大加快需求响应速度。财务机器人的出现是对人工操作场景和 API 的财务应用场景的有效补充。概括来讲，财务机器人适用于量大易错、简单重复的业务工作，能够保持 7 天 ×24 小时不间断工作。财务机器人能够实现异构系统的贯通，而且不改变原有信息系统架构。财务机器人模拟人类的操作，通过用户界面与系统交互，将流程设计为任务自动化执行，非常适合多个异构系统间的数据流转。财务机器人可以登录多系统自动进行数据的采集、迁移等操作，不需要对数据交互需求涉及的多个异构系统进行改造和 API 开发，不用改变企业原有的信息系统架构。

### （一）简单重复操作

在财务会计工作流程中，有些基础工作需要人工机械、重复地进行操作，这一类简单重复操作的业务环节通常具有流程固定、有明确的规则、重复度高、附加值低等特点。将财务机器人应用在这些工作中，可以使企业降低人力成本、提高工作效率、减少人为错误、提高财务处理质量和准确性。

### （二）量大易错的基础工作

在计算、核对、整合、验证数据的过程中，由于其工作量大，企业需要投入较多的人力资源，导致企业人力成本高。企业如果应用财务机器人，就可以实现自动化批量处理数据，数据处理速度快，并且可以大大提高处理的效率。例如，输入及核对跨系统数据、登记发票等，这一类具有量大、易错特点的工作业务，非常适合应用财务机器人。

### （三）全天候不间断提供服务

在传统人工模式下，员工工作时间有限，有效工作时间基本为 5 天 ×8 小时。但是，当企业财务工作量大时，财务人员正常的工作时间难以满足企业的需求。例如，企业业务量庞大时，大量积压的银行回单和记账凭证待匹配、进项发票待查验，财务人员应付不过来。或者在工作量异常增多时，财务人员就会不堪重负。而财务机器人则不同，它可以高效率、不间断地工作，并且可以弥补人力疲劳导致工作效率低的缺点，适用于企业全天候不间断 7 天 ×24 小时提供服务的业务。

## 四、财务机器人应用的前提条件及价值概述

### （一）背景介绍

随着科学技术的不断发展与进步，互联网与传统产业、实体经济的结合不断深入，在大数据、"互联网 +"、云计算的推动下，各行各业开始研究智能化的运营模式，机器人流程自动化（RPA）为财务共享服务的发展带来了契机。财务共享服务背景下各类业务场景呈现的特点为：一是业务场景复杂、审核要点较多，导致单笔处理时长较长；二是基于会计人员职业判断不同，核算标准难以标准化，导致信息质量有待提升；三是财务共享中心专业人员的业务支持职能还需加强。

### （二）前提条件

在企业财务活动中，财务机器人的适用性较高，但也需明确相关应用前提条件，即：其一，需具备规范标准的流程；其二，需做好数字化、结构化的数据准备工作；其三，需确保操作环境的稳定性；其四，需确保技术人员储备充足、技术达标等。

### （三）应用价值

在社会经济快速发展的大背景下，企业财务活动越来越频繁，涉及的财务活动内容及类型也呈现出了多样化的特点。如果在此背景下，仍采取传统财务软件

和人力作业模式，则会使企业财务活动作业的成本增加，且难以保证财务活动工作的效率及质量。而财务机器人的应用则能够有效解决上述瓶颈。总结起来，财务机器人在企业财务活动中应用的具体价值有以下三点。

（1）优化财务活动流程管理。财务机器人的流程管控能力强，发挥其可视性高、可访问性强等特点，能够让相关管理工作人员以管理终端为媒介，实现对财务机器人的实时监控和分配管理，进一步保证财务活动流程管理的精准性。与此同时，利用财务机器人，可使其工作流程模块化的功能有效展现出来，通过在企业财务业务流程中自动执行命令的方式，将取代传统人工操作模式，进一步使企业财务活动流程优化的目标得到有效实现。

（2）提升企业财务业务处理效率。在企业财务活动工作开展期间，对于传统人工操作而言，难以适应高强度的作业方式，但财务机器人则能够进行7天×24小时作业，在不间断重复性工作效率方面显著提高，进而使企业财务业务处理效率大大提升。

（3）控制系统维护升级成本，使业务系统之间实现互联互通。对于财务机器人的维护升级成本来说，和财务信息系统比较明显更低，进而能够有效控制系统维护升级成本。并且，财务机器人具备鲜明的自动化特点，整体业务流程操作可自动化进行，使人工造成的失误得到有效避免，并且可以使业务系统之间实现互联互通，详细、完整地记录在业务过程中的相关信息数据，为企业财务业务活动风险的降低及风险源头的追溯提供有效支持。

## 五、财务机器人流程自动化应用的现状

### （一）财务机器人流程自动化应用的优势

随着国内外学者对人工智能理论与实践的研究，人工智能的应用范围覆盖了各个行业领域。其中，财务领域与人工智能的深度融合是备受关注的焦点。在智能财务背景下，财务机器人应运而生。研究发现，大多数财务活动都存在自动化操作的可能性，其中又属交易性活动自动化操作的可行性最高。目前，财务机器人被应用于一般会计活动、现金支出、营收管理、财务控制与外部报告、税务、审计、风险管理等财务活动中。2017年，德勤会计师事务所推出了首款财务机器

人"小勤人"，随后普华永道、安永和毕马威也不甘落后，不断寻求实现流程自动化的路径，掀起了财务机器人的引进热潮。企业引用的这些财务机器人被应用到大容量数据、低附加值业务、高频交易处理、单一重复性操作等处理中，在风险控制、高效管理、业务处理等方面起到了很大的促进作用。财务机器人在企业中的应用优势主要体现在以下几个方面。

1. 促进企业财务模式转型

对于基于财务模式转型升级建立财务共享中心的企业，机器人流程自动化（Robotic Process Automation，简称 RPA）技术，为财务共享中心建设和有效运行提供了技术支撑，还能够促进财务人员的思维创新，不断寻求新的解决方案，进而能够减轻新技术本身的不确定性带来的应用阻力，这是企业平稳推进转型时的重要保证。

2. 提高财务工作效率

财务机器人打破了人工精力不足的局限性，减少了传统人工操作流程的干预，实现了"7 天 × 24 小时"的无间断高效运转。RPA 技术本身具有较强的灵活性，可以通过设置成百上千个既定的程序或脚本制作 RPA 组件，然后嵌套到财务工作的各个程序中，如自动获取并处理数据、自动扫描原始凭证、自动记账、自动审核、自动对账、自动纳税申报等，在标准化处理的基础上增强了差异化处理的可比性，提升了处理流程的透明度，规范了财务处理流程，提高了财务信息的真实性、客观性、准确性，全面提升了财务数据、业务信息的处理效率。另外，RPA还具有非侵入性的特点，与 ERP、U8 等财务软件不同，RPA 可以在不影响软件原有系统的情况下直接连接财务端的高层软件，增强其使用过程的稳定性。

3. 降低错误率，甚至实现"零错误"

企业根据自身的需求，按照财务处理的固定操作流程、标准等设置既定规则，RPA 基于既定规则进行标准化、无差别化操作，实现财务精细化运营，能够消除错误，提高准确性，有效降低记账失误和财务舞弊的可能性，规避潜在的财务风险。

4. 降低企业财务管理的成本，释放了劳动力

在传统的财务模式下，企业需要付出巨大的薪酬成本，包括基本工资、社保、津贴等，增加企业的成本负担，如图 6-1 所示。财务机器人流程自动化技术 RPA

的出现减轻了企业的成本压力。RPA 技术主要是以人工智能为导向，结合计算机编程程序对单一、重复性的财务处理实现流程自动化，替代了传统人工操作，实现一键式、自动化操作，在提高效率的同时，降低了企业财务运营管理的成本，也被称为"数字化劳动力"。RPA 技术在财务领域的广泛应用虽然在一定程度上会影响财务人员的就业形势，但其优势体现在劳动力的释放上，能够使财务人员专注于更具价值的其他工作，优化人力资源配置。

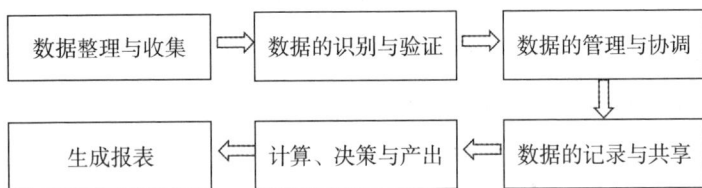

图 6-1 财务机器人流程自动化程序设计图

### （二）财务机器人流程自动化应用的局限性

1. 处理"异常事件"不够灵活

由于基于 RPA 技术的财务机器人是执行预先设置的既定程序来实现自动化操作的，固化了操作执行程序，降低了灵活性。RPA 技术并不像人工智能一样具有推理、判断、分析、学习的能力。当应用环境或相关信息系统发生重大变化时，财务机器人无法识别与既定规则不相符的程序语言，导致异常情况处理不当。例如，计算机的 C/S 应用和 B/S 应用更新或修改之后，计算机服务器的运行环境也会随之发生变化，浏览器会显示不同的 UI，RPA 运行软件会弹出异常错误报告，操作执行会随即中断；当 RPA 的生产环境发生更新，测试环境又没有进行提前部署时，也会出现类似异常情况。此时，为了防止在进行数据处理的关键节点出现异常情况，保证财务机器人的有序操作，降低误操作风险，就需要由工作人员对运行过程进行全程监督，避免出现执行中断等异常情况。

2. 运营维护成本高昂

RPA 技术是智能财务背景下的新型技术，将它运用到数据分析、发票处理、对账、报表处理、税务申报等财务处理流程中，需要设置成百上千、不同功能的 RPA 嵌套组件，其使用成本较为高昂。与 ERP、U8、CRM（客户关系管理）等传统软件系统不同的是，RPA 是基于原有系统上嵌入的自动化流程应用程序，它属于一种更高层次的软件系统。在实际使用的过程中，要确保 RPA 稳定、有效运转，系统的测试、更新、升级必不可少，企业要聘请 RPA 技术研发人员，不定期地根据运行异常报告对财务机器人进行优化设计，建立财务机器人运营维护中心、控制台等部门，投入大量的资金。另外，财务机器人的运行、系统操作、日常维护等环节都需要财务人员全程参与，而财务人员对 RPA 的研发过程、工作原理、程序规则的认知并不透彻，这对财务人员的综合素养提出了新要求，企业需要加大对财务人员的培训力度，进一步增加了成本。

3. 需要及时优化运行机制

从异常情况的处理来看，财务机器人的灵活性较低。虽然 RPA 技术是基于既定规定来执行操作的，但是财务业务的处理流程却并非固定不变。当企业业务进行更新或调整时，RPA 技术的运行机制就要随之重新进行设计和部署，要以运用程序为导向，对一些脚本进行参数修改，并根据新业务的流程重新录制屏幕动作，导入新的脚本并重新执行处理。财务机器人是否能够高效、有序地运转，在很大程度上取决于运行规则标准化的程度。为了保证财务机器人的正常运行，企业应该及时更新或调整运行环境，设计运行方案，减轻业务调整带来的影响。

## 六、财务机器人流程自动化的应用措施

### （一）结合 AI 技术为 RPA 的有效运用赋能

AI 与 RPA 之间既有区别，也有联系，很多人会混淆这两者，认为 RPA 就是人工智能，其实不然。简单来说，RPA 就是替代人工进行一些机械化、重复性的操作，缺乏判断、认知能力，而 AI 具有推理、分析、预测、决策、深度学习的能力，其算法机制要比流程自动化更高级、更复杂。如果把 RPA 比作神经网络，那么 AI 更像大脑，由 AI 发布指令，RPA 执行指令，可以实现神经网络与智能算法的有机结合，确保应用程序运行的科学化、数字化、智能化，而有了 AI 的智能算法和分析、决策、推理等能力，即使在程序应用过程中出现"异常事件"，也能随机应变地进行处理。企业要想提高财务管理的效率，光靠 RPA 技术是难以实现的，还必须融入智能 AI 算法，科学引入决策支持系统思想，完善财务自动化流程。由此可见，AI 与 RPA 的深度融合是大势所趋，是创新应用的重要举措，是

企业数字化转型的抓手。从"劳动密集型"向"AI 密集型"转型，推动生产模式与业务流程实现颠覆式创新升级。目前，在财务机器人的自动化处理流程中，AI 技术得到了广泛应用，如 OCR（扫描与识别）、NLP（文字检索与分类）及 ML（分析与决策）等技术。

### （二）构建稳定的应用环境

RPA 技术能够在业务处理的过程中实现流程自动化，体现了其流程固定、规则既定的特征。创设稳定的应用环境是确保 RPA 财务机器人高水准、高效率运转的前提条件，也是降低营运维护成本的主要途径。一方面，要在软硬件上提供支撑，及时配备或更新相关软件设备，提升运行速度，优化网络环境，构建运行环境测试中心和控制台等部门，并合理设置应用权限，做好重要信息的保全措施，防止数据遗漏、泄露，增强数据与信息的安全性；另一方面，要加强财务人员综合能力的培训，制定财务机器人使用手册，培养财务人员 RPA 与人工智能技术的应用能力，使他们掌握操作原理、程序流程、应用场景等。

### （三）及时跟踪优化机制

应市场经济发展的需求，企业的经营方式、内外部环境和业务处理流程也时常会进行调整，而基于既定规则实现流程自动化的 RPA 技术只适用于标准化程度较高的处理程序。为了保证财务机器人的高效应用，运行人员要及时记录和跟踪"异常事件"检测报告，完善基于 RPA 技术的相关软件运行风险预警机制，针对现有的问题调整应用流程设计和既定规则，重新部署和优化运行机制，制定有效的应对措施。另外，企业要对财务机器人的运行过程实施精细化管理，提高对企业的适配性，创新更多的应用场景，满足企业业务调整的各项需求，推进企业财务管理模式数字化转型。

## 七、财务机器人在企业财务活动中应用的优化策略分析

结合上述分析，对财务机器人在企业财务活动中的具体应用要点有了深入的了解。而从企业财务活动效益提升角度分析，还需掌握财务机器人在其中应用的具体优化策略。总结起来，具体优化策略如下。

### （一）加强财务机器人软件设施维护

在财务机器人运营过程中，软件工具能够发挥出显著的作用。在软件控制的基础上，能够在软件中将辅助核算编码与分录摘要编码规则制定出来。由此可见，做好相关软件工具的日常维护、控制工作，能够使软件突发性故障的发生得到有效避免。但需注意的是，财务机器人与人工操作比较，具备数据录入准确性高、人力成本低的双重优势。一方面，在数据准确性方面分析，由财务机器人接收准确、完整的信息数据后，能够保证自动录入准确率完全达标。但是，由于特定指令为财务机器人批量操作的关键，倘若在运行过程中出现错误指令的状况，则财务机器人在运行过程中会把错误指令传至企业，使企业造成一定程度的财务信息损失及经济损失。另一方面，基于人力成本降低层面分析，财务机器人可以进行7天×24小时作业模式，使人工成本得到有效降低。然而，在长时间不间断工作模式下，易导致计算机硬件使用寿命缩短，使计算机软件的正常、稳定运行受到一定程度的影响。针对这些情况，从企业角度分析，便需投入充足的资源，包括人力、物力、财力三个方面的资源，并做好财务机器人软件工具、计算机硬件设施的日常维护作业，通过构建健全的《软件工具维护日志》，使计算机软件的日常维护能够有据可依。此外，在财务机器人软件设施维护活动开展期间，需加强财务部门与IT部门之间的沟通协作，以此使财务机器人软件设施维护工作的效率及质量得到大幅度提升。

### （二）做好运营阶段反馈信息收集工作

在现代科学技术逐步进步及发展的大背景下，如人工智能、大数据、移动互联网等技术越来越成熟。对于企业而言，在财务活动开展期间，则需重视财务机器人的应用，并利用合理科学的现代化科学技术，使财务机器人运行得到有效改进。其中，在企业财务机器人优化过程中，收集运营阶段的反馈信息是非常重要的一项工作。为了做好运营阶段反馈信息收集工作，企业业务工作人员需对企业战略目标的变化详细了解，同时了解企业业务领域的扩展情况，然后以企业业务流程为依据，结合企业财务处理流程及相关法律法规等，使企业账务处理工作的开展能够有据可依。同时，企业IT工作人员需对相关部门反馈存在局限性的软件工具，并由相关部门及时改进，使软件工具对财务运营的影响得到最大化降低。

此外，企业管理工作人员需重视企业内部问题反馈机制的健全，在构建健全的《运营阶段问题日志》基础上，详细收录相关工作人员反馈的问题，相关问题通过项目负责人复核之后，由管理层进行商议，做出最终的决策，以此使运营阶段反馈信息收集工作的效率及质量得到全面提升。当然，还有必要以反馈结果为依据，对财务机器人配置进行优化调整，进而使财务机器人在财务活动中的应用价值得到最大化的发挥。

# 参考文献

[1] 金平. 大数据时代下的财务管理信息化建设 [J]. 中国外资，2019（14）：108-109.

[2] 夏铭璐，聂书承. 大数据时代财务会计与管理会计的碰撞融合策略探究 [J]. 商场现代化，2020（24）：151-153.

[3] 胡葆青. 新形势下财务会计向管理会计转型的分析 [J]. 当代会计，2020(24)：1-2.

[4] 楚文璐. 大数据视域下的财务会计向管理会计转型措施 [J]. 营销界，2020（51）：142-143.

[5] 李敏. 大数据时代财务会计向管理会计转型研究 [J]. 中小企业管理与科技（中旬刊），2020（12）：72-73.

[6] 张磊. 大数据时代财务会计向管理会计转型分析 [J]. 纳税，2020，14（35）：96-97.

[7] 朱芳芳. 大数据背景下企业财务会计向管理会计转型研究 [J]. 纳税，2020，14（35）：98-99.

[8] 郑芝锋. 大数据背景下提升企业财务报告质量的策略分析 [J]. 当代会计，2019（24）：153-154.

[9] 邢凯蕙. 贸易公司财务会计向管理会计转型思考 [J]. 商讯，2019（36）：55-56.

[10] 蔡俊. 大数据新时代建筑业会计向管理会计转变的对策探讨 [J]. 财会学习，2019（36）：119+121.

[11] 莫宇怡. 企业财务会计向管理会计转型的问题及对策 [J]. 时代金融，2019（35）：83-84.

[12] 李妍，吴天舒. 基于大数据高职会计复合型人才培养模式初探 [J]. 辽宁师专学报（社会科学版），2019（6）：110-111.

[13] 高媛慧. 互联网大数据时代是管理会计的舞台 [J]. 山西财税，2019（12）：55-56.

[14] 赵冬梅. 基于云计算的会计大数据分析平台构建研究 [J]. 财会学习，2019（35）：4-6.

[15] 高亚丽. 大数据时代企业集团财务共享服务应用研究 [J]. 财会学习，2019（35）：75+77.

[16] 陈春兴. 大数据环境下如何建构完善的国有企业会计监督体系 [J]. 财会学习，2019（35）：114-115.

[17] 何颖. 基于大数据时代下企业财务管理发展策略探究 [J]. 中国乡镇企业会计，2019（12）：249-251.

[18] 蒋楠. 大数据时代下管理会计的变革 [J]. 中国乡镇企业会计，2019（12）：254-255.

[19] 石芳. 浅析大数据背景下企业会计信息质量提升策略 [J]. 山西农经，2019（23）：157+159.

[20] 于华. 大数据背景下教学改革的研究 [J]. 办公自动化，2019，24（24）：16-17.

[21] 朱琴. 大数据下构建管理会计信息化的途径 [J]. 滁州职业技术学院学报，2019，18（4）：47-50.

[22] 张艳. 大数据背景下企业会计信息质量研究 [J]. 商场现代化，2019（23）：150-151.

[23] 樊林芬. 大数据对传统会计及审计工作的转型影响 [J]. 海峡科技与产业，2019（12）：26-28+31.

[24] 刘燕青. 试析大数据对财务信息化的影响 [J]. 当代会计，2019（23）：15-17.

[25] 徐超. 大数据背景下电力企业会计信息处理的问题及解决对策 [J]. 财富生活，2019（24）：174-175.

[26] 武海景. 基于大数据时代下税务会计工作挑战与应对策略探讨 [J]. 财富生活，2019（24）：189.

[27] 赵志勇. 大数据分析技术与现代会计 [J]. 财经界，2019（34）：165-166.

[28] 栾南南. 大数据时代事业单位会计管理面临的问题及对策浅谈 [J]. 中国商论，2019（22）：171-172.

[29] 王睿琪. 大数据时代企业税务会计新挑战与应对策略 [J]. 财经界，2019（31）：241-242.

[30] 陈运成. "大数据"对企业成本控制的影响研究 [J]. 营销界，2019（48）：30-31.

[31] 官小珍. 数据经济时代的财务转型研究 [J]. 现代商业，2019（33）：164-165.

[32] 姜月桦，王孝一，徐亮. 大数据时代管理会计发展对策研究 [J]. 中国集体经济，2019（33）：122-123.